大展好書　好書大展
品嘗好書　冠群可期

大展好書　好書大展
品嘗好書　冠群可期

〈作者簡介〉：

松濤弘道，一九三三年出生，日本大正大學，美國哈佛大學碩士。畢業後，至夏威夷淨土宗別院傳授七年佛教，在留美十二年期間研究國際派佛教。

現代淨土宗近龍寺住持，兼任上野女子大學教授。主要著作有：《佛教入門（上、下二冊）》、《佛經入門》、《阿彌陀經之心》、《佛學名言智慧》、《佛教名言三六五日》、《佛事、法事之大成》、《世界喪禮大觀》、《禪言佛語看人生》、《活用佛學於經營》。

序言

「我現在很痛苦，說不出的煩惱壓藏在胸懷，再也無法忍受了。」

「我很為一件事苦惱，夜夜失眠，幾度哭泣至天明，一想到自己痛苦到這地步，就覺得人生乏味。」

自全國各地收到很多此類的訴苦信函。原來，受苦受惱的人如此之多，筆者不禁悚然而驚。

隨著經濟的高度成長，人們的生活日益豐饒，但社會生活與人際關係卻愈趨複雜，彼此間的疏離、孤立更加深刻，以致有苦無處訴，又找不到解決辦法的人，只有身陷苦悶的深淵而不克自拔。

實際上，筆者也非人生的聖手，也不能提供將一切煩惱根本解決的具體方法。筆者所能做的，僅係以一同是煩惱之人陪伴煩惱之人身畔，並給予鼓勵安慰罷了。

筆者期待一本可作為日常人生問題的適切指針的佛學名言集，已有很長時日了，但迄今仍未見問世，頗覺遺憾。當然，坊間的佛教聖典和註釋書多不勝數，但多半是仿做基督教的聖經，不是記述釋迦的生涯，就是登錄他的言行錄，殊少能應用作為日常生活的指針集。因此筆者遂自佛教經典的名言，分門別類，再加上筆者的些許想法，彙編而成此書。

筆者才疏學淺，欲從多達八萬四千法門的浩瀚佛典中，篩選出有關人生問題的適切語句，可謂誠惶誠恐。但由於深信佛學名言的確有助於這多煩多惱的人生，所以才不揣鄙陋，鼓勵自己，以佛教所謂的一〇八煩惱為本，針對一〇八個人生問題，略表一些淺見。

選擇這些名言，難免有獨斷和僭越之處。但筆者發乎誠心，仍期盼這些片言隻字能成為各位讀者生活上的參考，如有疏失，尚祈不吝指正。

松濤弘道

目錄

第二章 斷絕人際關係的糾葛

第三章 開創生存的意義

第四章 培養慈悲心

第五章 覺知每天的價值

第一章　斷絕我執

1 給自怨自嘆的人

善惡為時，時非善惡。
善惡為法，法非善惡。
《道元．正法眼藏》

從前，一位單身男子祈禱一生中能有一度的幸福生活。他每天求神賜他幸福的吉光片羽，終於他的真誠打動了神。

一天夜裡，有人叩敲他的門扉。他開門，外面站立的赫然是稱為「吉祥」的幸福女神。他喜不自勝，立刻請她進門。不料女神卻說：「請稍候，我還有個和我同進同出的胞妹。」然後將站在她後方的妹妹介紹給他。

他乍看她的妹妹，大吃一驚。因為她和妍美的姊姊比起來，簡直有天淵之別。他認真地問：

「是妳真正的妹妹嗎？」

「我已經說過，她是我胞妹，名叫黑耳，是不幸女神。」

這時男子要求：「妳一人進來就好，叫妳妹妹走遠些好嗎？」

「那不可能。我們總是同進退，不能丟下她一個人。」

男子很困擾。幸福女神說：

「既然你如此為難，那咱們兩人就走囉！」這使男子更覺得束手無策。

上述故事刊於《阿毘達摩俱舍論》，意指幸福女神和不幸女神乃異體同身。

人人皆期望獲得幸福。「世間本無事」是最理想、悠閒的環境。然而好景不會永久持續，即使過著人人欽羨且自覺美滿的日子，名為不幸的冷風也會不知不覺地自生活的罅隙吹入。但陷於不幸時，切勿為苦境所惑，宜對明天懷抱希望，為燦爛的未來作萬全的準備。

英國詩人雪萊的詩作《寄西風》中有句：「冬天來了，春天還會遠嗎？」確實，我們絕不會一直處於嚴冬狀態。

古人常說：「年輕時代的苦勞是不可或缺的。」曾經歷過千辛萬苦的人，在成長之後必能體會到更深刻的樂趣。這主要是因為能拿過去的不幸和苦勞與現在相較，因此，沒吃過苦頭的人反而就不幸了。

極想避苦求樂，是根本錯誤的概念，誠如「玉不琢不成器」所指示的，我們實應趁此刻多嚐「苦勞」。唯有透過痛苦，才能獲得生的喜悅。

猶如小標題所述，幸與不幸的感覺以及善惡之心，並非存在於自己身外，一切都在於我們的內心。所以，萬勿被幸與不幸所桎梏，何不換個方式接受它，將其玩弄於股掌間呢？

2 給天天憂鬱過活的人

菩薩不覺餘事，只覺自己。何以如此？因覺自心者，覺一切眾生之心。

《大莊嚴法門經》

夏天抱怨：「熱死啦！熱死啦！」

冬天抱怨：「太冷了！太冷了！」

下雨時抱怨：「這種天氣太惹人討厭了！」

炎炎酷暑和嚴寒的冷冬都令人難以忍受。天熱時渴盼冷氣，凍寒時期望暖氣，是人之常情，但老是發牢騷、吐苦水，在不自覺中自己的情緒也沮喪了。

英國詩人羅斯金的詩「雲」，可給我們一些啟示。

世人或說今天天氣好，

或說今天天氣不好，

其實天氣並無好或不好。

所有的天氣都是好的。

只不過種類不同罷了。

差別只在於，有晴朗的好天氣、

飄雨的好天氣，以及颱風的好天氣。

無論天氣如何，為其現象所奴就太不值得了。

「每天都很無趣、很無聊。」這樣以天氣為藉口，動輒抱怨不滿，日久必會罹患精神官能症或憂鬱病，產生下述的症狀：容易疲勞、失眠、食慾和性慾減退、體重減輕、頭腦反應遲鈍、記憶力衰退、注意力散漫、思想不集中、企劃力衰弱、態度悲觀、對過去的失敗耿耿於懷、自責、對將來不懷抱希望、具強迫感、對所見所聞失去興趣、無力工作、沒有意願勤勉用功。此等症狀更形惡化後，會封閉在自設的殼子裡，鑽牛角尖、絕望，甚至想自殺。

一般人因經常遭遇寒暑等氣溫變化、噪音、公害所導致的環境污染、飢餓、過食、失眠、過勞、在公司或家庭的人際關係欠佳、不安、焦躁、杞人憂天、憂慮、恐懼等，故或多或少都會感受到精神壓力，此時即應設法加以克服，否則一旦衍生為精神官能症或憂鬱病，會覺壓力更形沈重，而企圖逃避，挫折感變得無可救藥。

日本薄田泣菫有如下的詩句：

山裡出身的黃道眉，
抱怨山中生活的痛苦，
牠來到村子裡，成為籠中鳥，
卻哭泣著懷念山中的歲月。

如果像黃道眉那樣，走到哪兒怨到哪兒，便只有鬱鬱以終了。實際上，人生中不可能事事順遂、處處如意，因此，最好的辦法莫過於盡力扮演好自己的角色，做好自己份內的工作。

古詩云：「天晴也美，天陰也美，阿里山不改其色。」仔細推想起來，避免對人生有過高的期望，自能從平凡中獲得快樂。

若每天都覺得悶悶不樂，就得查明原因。通常這都是源自依賴心太重以及怠惰成性。如果我們能超越以自我中心的想法，放眼看看這大千世界，必會發覺只有人類會陷於憂鬱，自然界的動植物即使不為其他人所肯定重視，仍然是奮力生長，欣欣向榮，正誠如中國禪僧雲門所說：「日日是好日。」

筆者在不如意時也會感到低潮，但此時我總會想起，低垂的烏雲頂多在五、六千公尺高的地方，在它上頭尚有和晴雨無關的太陽放射著燦爛的光芒，內心隨即豁然開朗。

我們無論如何消沈，都不應陷溺在其中，奉勸諸位一句話：「各位豈不察，從你們的未來圈正襲來透明的涼風？」

3 給妄自菲薄的人

我未必是聖，他未必是愚。皆為凡夫罷了。是非之理，誰能定奪。賢愚並存，如無端之鐶。
《日本聖德太子．十七條憲法》

「你怎麼這樣蠢，什麼事都做不好，你還有資格做這件差事嗎？」因被上司或同事如此指責而苦惱的人可能不在少數。

在一名為《天才、秀才、蠢才》的劇目裡，老師問：「蠢才是什麼？」天才回說：「我不知道。」秀才也說：「這，我不知道。待我查字典看看。」蠢才則答稱：「這請你別管。」

當被指為蠢笨時，千萬別介意。若自己的確又愚又笨，就應儘早找出原因，並加以矯正，但若自覺並非蠢才，大可一笑置之，否則執意辯解，反而證明自己的確是愚者。

釋迦在世時，有位頭腦較不靈活的徒弟周梨槃特。他因反應較差，所以周遭的人都詬稱他是「愚人」，但其實他秉性忠誠。釋迦非常憐惜他，親口叫他到身邊傳授他一節經文：「守口，修意，身不犯非行，如此行者必得悟。」並要他誦記起來。他依言勉強把這節經文背牢了，釋迦便對他說：

「你年紀大了，能把它記牢真是太好了。這經文的意思是，身有三種惡，即殺生、偷盜、邪淫。口有四種惡，即妄語、兩舌、惡口、綺語等。意也有三種惡，即貪慾、瞋恚和邪見。這些總合起來稱為《十惡業》，能解脫這十惡業必能開悟。」

他立刻按教示去實行。結果懷疑和迷惑盡消，而修得阿羅漢的地位。

有一天，釋迦接受國王供養，帶著周梨槃特正要入城，門衛攔住槃特說：「讓你這樣的笨蛋進城，會污染宮殿，不許你進去。」而將他擋在門外。

他只好待在城外，但一心記掛著師父釋迦的安危。

當釋迦在宮殿接受國王的供養之際，不知自何處伸來一隻長臂，遞了個鐵缽給他。「這是怎麼一回事？」國王問。

釋迦答說：「這是我徒弟周梨槃特的長臂，今天我讓他帶著鐵缽同來，但門衛不許他入門。」

國王又問：「聽說他是個愚人，只知道一段經文，他怎麼能開悟呢？」

釋迦回答：「國王，知識不一定要多。最重要的是要能切身去實行。他雖只知一段經文，但他了解其意義，也用心去體驗，可謂身、口、心都清淨。」

在《法句譬喻經》裡記載著，「能背誦千章，但其句義不正，毋寧只聞一要句而能消滅惡，背誦千章而不得正義，毋寧只行一義而開悟。多誦經，卻不解其義。何益？毋寧只解一法句，而以行遵守佛之道。」願大家共勉之。

4 給拘泥小節的人

入佛法之海，以信為根本，渡生死之河，以戒為船筏。《心地觀經》

有一次，一位旅人來到大河邊，想渡到對岸去，卻苦於沒有橋樑。正巧河岸躺著一根大圓木，他遂拿它做成木筏，平安無事地渡了河。上岸後，旅人仍扛著木筏而行，路上行人紛紛勸他：

「你為什麼抬著木筏呢？用過後就應將它留在河岸呀！」

旅人這才赫然發覺自己的愚蠢，而說：「原來如此。」然後回河岸放下木筏。同樣地，世上的一切規則和戒律，是由娑婆世界（此岸）通往開悟世界（彼岸）。所必需的手段，但若一直執著於這些戒規，往往會流於「見樹不見林」。而忽視了目的物。實際上，賺錢也是維生的手段，但它只是必要條件而非絕對條件，如忘卻這番道理，本末倒置地犧牲自己的生活，而拚了老命去賺錢，則生活的悲慘可想而知。

原坦山是位高僧。他在修行年代裡常和友人行腳諸國。有一年夏天，他和友人同行到東海，剛巧遇到一位嬌麗的小姐帶著丫鬟，正站在雨後漲水的小河邊束手無策。原坦山見此光景，立刻走近那位小姐說：

「小姐，出家人有義務幫助他人，我來助妳渡河，請抱緊我。」

然後將那嬌羞的小姐一把抱起渡過了河。

他的友人目睹此情此景，滿肚子不高興，心想：

「出家人得謹守邪淫戒，連女人的一根毛髮都不能碰觸，他卻把她抱在懷裡。」

便很氣憤地走在前頭。約三里路後，原坦山追上他，說：「你為什麼把我丟在後頭？」

對方回答：「因為你太不應該了。身為修行的人，竟擁抱妙齡女子。你太過分了！」

原坦山拍拍友人的肩膀說：「你真讓我驚異。我早就將那位小姐忘得一乾二淨了，你居然還將她放在心上。哈哈哈哈！可見你這個人相當好色。」

他的友人羞赧得無言以對。

在佛教裡，將這種不被任何事物所侷限的自由無礙境地，稱為三昧。據說得道的高人可依定力，心無旁騖地投入到自己認為應該做的事件中。

當一流的雕刻家一心一意地從事他所喜愛的創作時，也是將自己和雕刻品一體化而進入無我境地。在他渾然忘我之際，已然將作品的價格等不純淨的意念置諸腦後了。也因此，才能造就曠世的巨作。

當我們沈浸在自己所熱衷的事物中時，也常忘了其他的阻礙，忘了時間與空間，待突然醒悟時，才會發覺自己的存在。設若我們將應做的工作，以遊戲般的快樂態度去進行，亦可進入遊戲的三昧境地。

5 給悔恨空忙一場的人

一切事業皆佛行。人人所作，才得成佛。除佛行之外，別無作業。一切所作，皆為世界而貢獻。
《日本鈴木正三．職人日用》

我們常因工作失敗而懊惱白忙一場，但世上的一切現象都不是無用的。若覺得自己徒勞無功，正足以證明你本人智淺慧薄。即使在工作上交不出顯目的成績，也沒有必要悲觀。

世人往往將王永慶、松下幸之助、洛克斐勒等視為成功典型，其實他們的成功都只是暫時的，無論名聲、地位、財富等都不可能永遠存續。

基本上，努力與成功是兩回事，成功猶如買了稱為努力的獎券而中了一千萬圓一般。若由此立場來看，沒有中獎也不值得懊喪。我們試著來讀讀英國詩人朗菲羅的詩《建築師》。

世上沒有所謂有用或無用的物品，
只要適得其所，物物都是最高貴的，
看似幾乎無用之物，

卻可以是其他東西的力量和支柱，
為供我們建築之用，時間中充滿了材料，
我們所擁有的今日和明日，就是我們建築的有力材料。

許多為人嘲鄙的無用之物，其實遲早都可能派上用場，展現它寶貴的一面，因此，隨意棄置東西並不適宜。無用之用者，是指那些不被成功、流行、實益等眼前利害關係所左右，而腳踏實地朝自身理想邁進的人。這等人常成為世人嘲弄的對象，殊不知他們那稀有的價值觀最值得我們欣賞。

日本前東京癌中心的久留勝院長曾說：

「我到了四十多歲，才發覺如數學家遊戲般的葛拉斯定理，是三角函數的基礎，如果沒有它，電氣學勢將無從發達。此外，我過了五十歲之後也才領悟，如骸骨般的象形文字是在傳達與日常生活有直接關係的處世要諦；也才體驗到無用之用的純粹學問，對文化貢獻之大。最近，許多人高聲疾呼振興大學，當前任何一所大學裡，在誇耀近代建築精華的工學系後頭，往往佇立著老舊的木造文學系，而在豪華壯觀的大學醫院裡側，也常常坐落著毫不引人矚目的基礎醫學教室，這種景緻到底意味著什麼？我們必須充分體認，這其中那些毫不起眼的建築物，就具有一百年之後始能發揮重大作用的無用之用。」

猶如依己力而綻放的燦爛花朵，我們只要肯做最妥善真確的努力，成功必定指日可待。

6 給不能反躬自省的人

吾人應懺悔。自無始以來，因妄想而造眾罪。顛倒身口意之業，冒犯無量之不善業。《覺鑁．懺悔文》

有一次，一名旅人在荒野中行走，突然自後方來傳來恐怖的聲音，原來一頭象正發狂般地朝他追來。他害怕地奔逃，終於發現一口古井，他毫不猶地便抓住往下垂的蔓藤垂降下去，鬆了一口氣。但當他往井底仔細一瞧，卻赫然發覺一匹毒龍盤旋在那兒，牠四周正有四條毒蛇昂首吐舌急欲攻擊他。

旅人驚駭之餘，抬頭往上看，只見白鼠、黑鼠正交互咬噬著那條他賴以求生的蔓藤。旅人全然絕望了，他放棄了逃生的念頭，就在這一瞬間，自井口有甘蜜滴落他嘴裡。他欣悅地舐食著，有幾分雀躍，然而一剎時傾巢而出的蜜蜂螫痛了旅人全身。他本能地咬緊牙根，抓住蔓藤的手不敢有鬆懈，然而不知從何處來的一團野火又燒蝕著蔓藤，旅人的生命宛如風中殘燭。

這則故事載於《雜寶藏經》。

釋迦是藉旅人的遭遇來比喻人類的命運，荒野好似這迷離的世界，旅人意指我們本身，狂象是無常的風暴，井裡意味人間世界，至於蔓藤則是人的生命。井底的毒龍代表死亡，四條毒蛇代表構成我們身體的四元素，白鼠和黑鼠是指晝與夜，甘蜜代表快樂，蜜蜂則是我們的謬思妄想，野火為疾病與老衰。

整個故事暗示著，我們日日都會遭受無常之風的侵襲，為迷惑和煩惱而痛苦，因疾病而老衰，終至被恐怖的毒龍所吞噬。

但是，儘管情形如此，我們仍不宜將自己的人生視為宿命而坐以待斃。

人的一生何其短暫，無論如何掙扎，也不過能生存八、九十年左右。為渡過無悔的一生而拚命去努力，終究還不脫幾絲虛無之感。

好似用手掬起的砂自細小的指縫漏下般，
時間從我身上沙沙地落下，
寶貴的時光已所剩無幾。

這是日本高見順晚年的詩集《死之深淵》裡的一小節。的確，我們正在不知不覺間分分秒秒地接近自己的死期。這一生，無論是悲是喜，終究只有一次而已，為什麼要耗損在無用的事物上而磨滅心志呢？

其實我們大可不必如此感傷，只要常反躬自省生活的態度，設法使所剩無幾的日子更充實就好了。

7 給常遭受非難的人

菩薩忍受一切之惡，向眾生，心平等，不動搖如大地。《華嚴經》

人皆有情，莫不渴望得到肯定和讚美，但往往事與願違，反而常在背後遭人指責：「這人真討厭！」許多人在聽到這種說詞後，都免不了陷於沮喪而無心工作，意氣消沈。

道長論短是世人的常態，這在釋迦的時代亦不例外，因此《法句經》（二二八）裡才記載有：「過去，不曾有人只遭詆譭，亦不曾有人只受讚美；未來，也不會有這種人；現在，同樣沒有這種人。自古迄今，情形均如是。沈默者遭非難，多語者遭非難，少語者亦遭非難。世上的一切都遭非難。」

可見以人格超拔而知名的釋迦本身，亦得蒙受種種的非難和毀謗。

無論多麼偉大，沒有人是無缺點的，若有人毫無瑕疵可尋，那麼，他必定無法與人共存。因成功而遭嫉妒是常事，但如因害怕受誤解而不敢放手做事，則徒然使自己成為庸庸碌碌的懦夫。疾行時迎面吹來的風自然較猛烈，搶先他人走在前頭一步，受到的抵抗當然也較強力。

有一次，有個人因過於嫉妒釋迦得到的佳評，而當面破口大罵他。但無論他如何惡語交加，釋迦始終保持沈默，毫不引以為意。當他罵累了時，釋迦說：

「朋友，如果送禮物給人，而對方不肯受禮，這禮物是屬於誰的呢？」

他回答：「當然是屬於送出禮物的人。」

釋迦於是問：「這就對了。剛才你詈罵我，但如我不接受這項禮物，它是屬於誰的呢？」

這個男人頓時啞口無言。他覺悟到自己的錯誤，趕忙向釋迦道歉，並發誓以後不再誹謗人。

釋迦向徒弟們傳述以上的體驗，並勸戒說：「一般人受到非難，總想以牙還牙，其實這猶如朝天唾痰，不但無法傷人，反而污穢了自己。」

這則故事載於《四十二章經》，旨在說明若加諸己身的非難和誹謗是確有其事，則應謙虛領受，儘快糾正自己的不是。否則，就應如《法句經》（八十一）所云：「需以人手合抱的磐石，在風中屹立不搖。有此心懷者，心念亦穩穩不動。」而泰然自若地面對一切。

一般人總因受批評而怨怒、受讚美而欣喜；但其實應將批評當成對方的關心而加以感謝才對。

日蓮在《開目鈔》裡寫有：「被愚人讚美，是第一恥。」的確，當我們被阿諛奉承時，應保持警戒。否則，偶一得意忘形立刻會被扯後腿，而遭到無妄之災。

不管是遭逢指責或好評，都不應受那些毀譽褒貶所左右，默默做好個人份內的工作，最理想不過。

8 給做事漫不經心的人

心死，活人變死人。

《至道無難・無難禪師法語》

將阿拉伯人的頭部切開，裡面的小小腦袋裡寫著「可蘭」，這可能因為阿拉伯人的頭腦中自幼只灌輸《可蘭經》的緣故！因此，沒有餘地再裝填其他的東西，這顯示對阿拉伯人而言，最重要的莫過於《可蘭經》，他們無論遭遇任何事，一定請示《可蘭經》。

我赴美國留學期間，同宿舍裡亦住有來自阿拉伯的留學生，他一天五次，到了固定時間必定放下手邊的所有工作，朝聖地的方向以五體投地作禮拜，並且毫不忌諱周遭的我們，高聲地誦唸：「阿拉神！」

其他一位室友見了總是嘀咕說：「簡直無聊！同室裡又沒有你的同胞，即使你不做也沒有人會責罵你！」

但他依舊一本熱忱地朝拜。

和他們相較，我們實在差多了，我們在日常會話或生活中，很少言及神佛的聖名或經文，據最近的調查發現，國人「信仰心日趨薄弱」。的確，國人在逢年過節時都會湧往寺廟膜拜，乍看似乎宗教鼎盛，但其實這僅是表象而已，宗教並未真正溶入我們的日常生活。

反過來說，是我們在制定、規定宗教，並且只在方便時才加以利用而已。

對於神佛的虔誠態度，我們遠不及阿拉伯人，也難和歐美人或東南亞人相提並論。特別在青年知識份子當中，許多人都對「神佛存在嗎？」起疑，而對宗教抱持冷言冷語、冷眼旁觀的態度。

這種庸俗的觀點，雖使我們國家能在短期間內躍升為近代工業國家，但在另一方面，卻使國人淪於浮華輕薄，以致招來「暴發戶」的恥名。

何以如此呢？有關歷史性的要因在此不提。我想強調的是，對神佛缺乏虔敬之心，也使得人與人之間的信賴感以及我們對事物的思考力和熱忱，亦付諸闕如。

例如，見人一心不亂地修行、用功或工作，我們很少衷心讚美說：「噢，你真了不起！」反而是揶揄地說：「瞧，他真會裝模做樣，大概是想沽名釣譽吧！」

至於那本人，也常無法無視於他人的冷眼和冷語，而本著初衷將工作貫徹到底，大抵都是表演性的敷衍即草草了事。

因受他人奚落，我們常常就在眾目睽睽之下失去了一顆真摯熱忱的心，而將那份摯忱悄悄孤藏起來。

在過去閉鎖性的時代中，欲維持同質社會，類似這樣的風氣是勢難避免的，但要做為一名現代的國際社會人，這種保守作風卻非打破不可。

盼望大家都能隨時隨地保持真誠的態度，把能力充分發揮出來。

9 給困於孤獨的人

捨離萬事一切，孤獨獨一是為死。生也孤獨，死也孤獨。與人共住亦孤獨，因為無人終生伴汝。《一遍．一遍上人語錄》

身邊沒有可談心的人，孤單寂寞地過日，的確是很難令人按捺。二、三天脫避世俗、享受孤獨，無可厚非，但如十天、一個月長期一人生活，必會因受不了孤獨感而發狂。

我本人在一九五四年底隻身乘輪船到美國，時而在夏威夷、時而在麻州或科羅拉多州，總共在海外飄泊了十一年餘，其間即不斷因孤獨感而備受困惑。

此舉與今日擁有來回機票，搭乘噴射客機，倏忽就能繞地球一周的海外旅行者不同。

當時我只得到一張單程船票和些許盤纏，為的是和最少須在國外滯留五年的客戶訂立契約，而離開祖國。到達外地後，想返國也沒辦法，起初思鄉情切，任何工作都做不順遂，一連失眠了好幾個夜晚。雖然這般命運是我自己的選擇，但一度也非常怨嘆何以自己如此吃苦而沮喪不已。

日本明治時代的探險家浦敬一單身到新疆旅行時，到達漢口因不耐孤獨而吟詩：「仰頭問天天不應，俯頭問地地無聲。」充分表露了他在異國天空下無人訴懷的痛苦。

能藉友人或工作獲得救贖，是很幸福的；能藉歌唱、哭泣、飲酒而遣懷，也是一種幸福。但無法自所有一切當中獲得滿足的我，如何是好呢？

就在那時，我心中突然浮起《無量壽經》裡「獨生獨死、獨去獨來」這句話。「人，生時、死時、來或去，都是孤獨的。」這對我真是當頭棒喝。無論何時何地，人都是孤獨的，即使返回故鄉，也不能改變此一事實。

詩人室生犀星曾寫道：「故鄉該是在遠方想念的。」

唯有離鄉背井後，我們才會興起濃厚的望鄉之念。然而縱使我們返鄉了，卻不能保證能在故鄉度過一生呀！

「此刻我所立身之處即是故鄉」，我終於深切體悟了每個人都是孤獨的，只要心念一轉，不將孤獨感歸咎於他人或環境，自能將心緒提升至最高境界。

如此在不知不覺中，內心的不安立刻煙消雲散，終能穩定地進行自己的工作。不但不致流於自暴自棄，反而能泉湧出勇氣與自信。對於遙遠故鄉的懷念，終於化作此刻前進的動力。

即生為人，若過於強調自我本位，勢難避免孤獨之感。不過在徹底體驗孤獨之後，人往往亦能超越此種感覺而臻於不覺孤獨的境界。

10 給墨守成規的人

色不異空，空不異色，
色即是空，空即是色。
《般若心經》

日本評論家小田實曾在某一座談會上表示：「欲觀察事物，須應藉以深遠的視野所見到的鳥瞰圖，但想理解如蟲般在地上匍匐生存的人類，則須借助蟲瞰圖。」

前者是自上俯看，將其細部四捨五入的全體像；後者則是將事物的細部以顯微鏡性的擴大加以透視而成，如未具備這兩種眼光，則一方面會因太龐雜而忽略了個別的特異性，再則會因「見樹不見林」而忽視了全體像。

偏廢一方或墨守成規都會迷失自己。

在佛教裡以不即不離為「中道」，須由全體中見個體、由個體中見全體，同時以鳥瞰圖和蟲瞰圖來看待事物，透過對方來明察自己，又透過自己去明察對方，如此方能臻於「入我我入」的境地。一個墨守成規、毫不知變通的人，往往無法深入理解他人，因而常與對方引發衝突。

本文開端所引的「色不異空」，意指我們眼睛所見的現象（色）並無實體（空），而物質的存在雖能以現象來認知，但由於無數的原因與條件瞬息萬變，因此，世上並無永不變化的實體。

「空不異色」意指這世上並無所謂存在的實體，然而，我們總將經由眼睛所見到的現象視為實體，並假定它是不變的、存在的。

「色即是空，空即是色」，意指不要受囿於眼睛所見現象之有無，而應從有、無兩方面探窺真實。

據培訓飛機駕駛員的教官表示，作為一名駕駛員須兼具集中（分析)和分散（綜合）等二種判斷能力。因為飛機是在沒有支撐物的狀況下，於沒有實體的空中飛翔；其高度、方向、氣溫、氣壓和其他種種變化狀況（空），唯有依靠儀器之類的有形數據（色）時時刻刻表現出來。

此際，數據雖經常與狀況一致，但和那無實體的數據仍不可能一致。

例如，行將飛向五百公尺高的山的方向之飛機，若實際高度為一百公尺，但高度計卻指在一千公尺時，駕駛員如只借助儀器情形會如何？因此，一名駕駛員不但須能同時理解狀況和讀取數據，還須能配合狀況輔以沈著機敏的決斷力。

這種情形亦適用於日常生活。在周邊狀況不斷的變化中，假若個人的判斷都是既成的、僵化的、毫無融通轉圜的餘地，勢必無法開創新局而抱憾終生。

前一陣子我搭乘電車時，電車不知何故未能定時抵達目的地，其中有位頭腦頑固的乘客便向車掌抗議：「你瞧瞧，我已無法準時出席會議了，你看怎麼辦？」

事實上，他再如何激憤抗議都無法改變電車誤點的事實，頂多只能由車掌向他道歉了事。在我們周遭，這種人還為數不少哩！

11 給表裡不一致的人

惡果未熟期間，行惡者有時見幸福。但惡果成熟後，其人盡逢不幸。《法句經》

有很多人就像科學怪人一般，當著他人的面盡是矯揉虛飾，獨處時卻全然是另一種面貌。

「獨處時，沒有絲毫造作，最易顯出一個人的天性。」這是英國培根的名言，但可悲的是，雙重人格者恆常是以他截然不同的兩面處世為人。

「我所行的不過是小惡罷了，沒有人看見，無所謂。」於是闖紅燈、在禁菸場所吸菸……等小惡不斷，殊不知這種一時能矇騙他人耳目的犯行，養成習性後，總會在意想不到時浮出表面，而在無意識中鑄成恐怖的惡行。

其實，為惡縱能掩人耳目，卻絕無法欺騙自己，過去的我的行為乃今日的我的因，今日的我則是未來的我的因，此與是否有他人見證並無直接關係。

若不悟解這番道理，而一味佯裝矯飾，並以能騙過他人而洋洋得意，遲早會露出狐狸尾巴，顯出自己的實像。

人人都應深切認識自己究係怎麼樣的人，這只要反省自己每日所作所為，以何行動消遣時間，以及如何運用金錢等即可知曉。

例如，在外高唱「自由」和「和平」，在家卻無所事事，不是找渣和家人吵架，就是沈迷於電視、漫畫、逸樂，甚至大言不慚地標榜自己的學養，那麼，其表裡之不一致即可見一斑了。

我們平日的言行是難逃他人法眼的。即使是偉人或能說善道的人亦不例外，若其舉止行徑躁動不安或散漫失態，即可見其言行並不一致。

日本文豪幸田露伴經常嚴格管教他的愛女：「女人無論在何時何地都應表現得嫻雅得體。」

其實，男人又何嘗不應如此呢？我們無論置身何時何處、面對任何人，都應保持自然的律動和速度，不但姿勢要端正，即連步行、坐、呼吸等亦須時加練習。

在禪堂裡，禪師就常教示我們「虎視牛行」的步法，亦即走路時，視線宜落在前方二公尺處，眼睛如虎目般張開，步伐如牛般悠閒。至於坐禪時，視線則落在自己前方約一公尺處，暗數呼吸，使心漸沈漸靜。

德國哲學家 **P.G.Natorp** 說過：「不曾教導步行方法和呼吸方法的教育，不是真正的教育。」無疑地，唯有能端正行住坐臥的動作，才是人類教育的基本，否則只徒然教養出一批批擅長賣弄唇舌的雙重人格者。

言行舉止得體優美的人，工作起來一定認真投入，因為他總求無愧於心，因此常能一展長才。反之，一味講求表面工夫的人，為了掩飾，動作常顯得不自然，總有一天西洋鏡會被拆穿。

這就猶如擺在水果攤上的蘋果、橘子等，只要經過實際品嚐，其真實的味道便立見分曉。

12 給利慾薰心的人

學道先須學貧。拋棄利益，不奢求一切，凡事盡力，必成好僧。
《道元・正法眼藏隨聞記》

世界筆會在日本舉行定期會議，席間一位澳洲代表說：「所謂的筆會（PEN CLUB），是由詩人（Poet）的P和散文家（Essayist）的E以及小說家（Novelist）的N組合成的，但實際上情形並非如此。

一般說，作家都是貧窮的，所以P應意指貧窮（Poor）的P；而作家的性格皆屬乖僻古怪，所以E應該是古怪（Eccentric）的E；另外，作家都是神經質的，所以N應是神經質（Nervous）的N。」

不過，在日本的作家不但不窮，反而相當富有。他們多半是高所得者，年賺幾千、幾億圓者不在少數。其中甚至有人擁有豪華邸宅，請用多名僕人，出入都是高級轎車，春風得意地在銀座或六本木地帶穿梭。當然，也不乏稱為三文文士的潦倒作家，唯總體而言日本作家都是富人。

可是並非賺得了財富之後，這些作家就能相對地寫出更優秀的作品，反而有很大部分是文章愈寫愈遭，最後只落得藉虛名填格子而已。

日本作家菊地寬和大宅壯一在未成名前，一度過著赤貧如洗的生活，他們就是為了一償吃牛排飯等的素願才立志當作家的，因此，在文壇佔得一席地位後，他們仍矢志不忘過去的貧困。可是今日的作家已完全失去了此種秉性，他們只要贏得了些許知名度，便開始揮霍無度，過著奢侈浪費的生活。無怪乎難以創作出能觸及讀者心靈深處的好作品。

「學道先須學貧」，並不是意指一個人非處於貧窮不可，而是指人不應奢望名利，也不應妄求名利，才能抱持一顆虛空之心從事修行。

聖經裡有句話：「幸哉貧者，神之國屬於汝。」（馬太五・三）亦在教諭我們，唯有捨棄自我、順應神的心，才能成就一切。

佛教裡「無一物中無盡藏」這句話，以及數學公式「零等於無限大」等，在在所提示的都是這番道理。道元禪師說過，「運自己修證萬法，是為迷；注萬法修證自己，是為悟」，此意味放下自己的傲慢，而將命運托天的境地。

道元禪師在一二四七年應北條時賴邀請到鎌倉去時，帶著高徒玄明同行，翌年他先歸返福井永平寺，玄明則多滯留了一段時間才回到寺裡。他這一趟還帶回時賴親筆寫的土地贈送狀。時賴將越前國六條堡二千石的土地言明劃歸贈予永平寺，玄明歡天喜地的向同道們誇示。

禪師聽到這番消息十分震怒，他說：「以喜悅之意收受，髒，即刻將他擯出寺院。」連玄明所坐的木頭地板他也視為污穢，而下令將它鋸掉丟棄。禪師就是如此嚴峻地對待利慾薰心、心存傲慢的徒弟。

不僅有志於學問之道的人應如此，我們每個人亦應經常自我節制，懷著虛心面對自己的人生，萬勿惑於俗利或趾高氣揚。偶爾我們可能無法受到肯定或賞識，但堅守本分腳踏實地的鞭策自己，依舊是個人精進的正道。

13 給實踐力薄弱的人

猶如色麗形艷的花都屬無味一般，動聽的話語不予實踐亦難期開花結果。《法句經》

從前大家都強調「不言實行」，總儘量不使用言語文字來凸顯自己所做的事，而是藉實際的工作成果來自然表現自己的努力。

然而現代許多人卻相反，他們只要做了些許工作，便處處吹噓，一旦得不到他人的肯定，即滿肚子不高興地指責對方，而從來不問自己工作是否的確做得夠理想。因此，其所經手的工作常是和他們本人一樣，未必盡如人意。

日本的武者小路實篤曾說：

見也好，

不見也好，

但我總會開花。

的確，無論是否有人看見，只要能深深投入自己的工作，必能將工作無瑕地完成。並受到普遍的認同。

日本京都天龍寺的峨山禪師總是自行整理腳下所穿的木屐。從不假手他人。有一天，一名信徒很疑惑地問：「禪師是高高在上的人，為何還自理木屐呢？您的徒弟那麼多，讓他們為您效勞嘛！」

禪師卻回答：「我想讓徒弟們比我更偉大，所以，不希望他們代我處理這些不起眼的小事。」

鎌倉時代的道元禪師也有類似的一則軼事。當時禪師到中國留學，在天童山修業，在吃完午餐行經走廊時，看見一名老僧在炎炎的日照下彎腰曬香菇。道元問他貴庚，他回答六十八歲。「像這樣的工作讓年輕人做就好了。」老僧回答：「他終究不是我。」

亦即，他人做的是他人做的事，並不是自己做的事，道元回說：「話是沒錯，可是天如此熱，您又如此年邁，為何還勉強做這活兒呢？」老僧說：「不，曬香菇得趁日照強烈時，此時不曬更待何時。」道元無言以對，留下「山僧請早休息」一句話便走開了，經書上對此有下述的記載：

「廊乃步行在腳下，（我）暗悟其任務之重要。」

古人嘗言「言易行難」，對現代人來說，這句話仍很適用。雖當前講究民主主義，但多數人卻堅持己見，有口惠而實不至，因此事態常未見絲毫進展。

韓非子在六反篇中曾說：「明主聽其言，責其用；觀其行，求其功。」即使只是小小的一個實踐，也遠勝過一百句甜言蜜語，若不能付諸行動，所有的言語皆屬無益。

有個人常吹噓：「我辦事，大家放心。」起初大家信以為真，就畀予他重任，結果他所做的工作卻令大家大失所望，爾後便無人信賴他了。

像這樣自吹自擂，不但他本人無法成長，也使周遭的人對他產生不悅。很遺憾的是，他本身不僅對此不自覺，也從不自我反省，以致仍經常顯露出恬不知恥的嘴臉。

美國第二十六任總統羅斯福曾說：

「此刻，在自己的崗位上，以個人所擁有的東西，對自己能力範圍之內的事全力以赴。」

凡事最重要的莫過於腳踏實地、盡力而為。

14 給器度淺薄的人

「底淺小川，潺潺流；滿水之河，靜靜流。《經集》

郊外的小溪流，不斷淙淙歌唱；大河的水卻靜靜地流淌。淙淙發響的小溪流裡，住著小小的魚兒，無聲流淌的大河的深淵裡，卻寓居著壯碩的大魚，住在小溪流的小魚稍遇有動靜，便心驚膽跳；住在深淵的大魚遇到同樣的情況，頂多是略受擾動，隨即又無牽無掛地悠游。待漲水時候，小溪流的魚迅即被激流沖走，但大魚卻閃著銀鱗，毫髮無損。

當陀螺急速旋轉時，看似安定而靜止；但當它的速度趨緩時，便開始搖來擺去，終至於滾倒下來。

人們亦何嘗不如此，一個真正能呼風喚雨，處處活躍的人，常顯得「靜動一如」；但一個半吊子，看似處處逢源的人，則無時無刻露出其「動」態。

《法句經》（八二）有謂：「底深，淵澄靜；有心者，聞道安泰。」有智慧的人不會為些許小事動搖心志，而會面對問題，作全盤的判斷渡過難關；但愚者卻常因所遭遇的事而心慌意亂，誤了大局。

有人老是在會議協調有眉目時橫生枝節攪局，他的自我表現慾強烈，如自己的言語或意見不被採納，便動輒找藉口否定他人，在議場上潑冷水。

事實上，要完成一件事談何容易，但要破壞它卻易如反掌，因此，像上述那種人最不適宜充當政治家或實業家或組織體間的協調者。

針對同等分量的工作，有人忍耐力強，非將工作完成否則不肯歇手；但有人卻氣勢短絀，半途而廢。有人心平氣和完成工作後才放鬆自己；但有人做同樣的工作，卻難耐重荷而牢騷不停。一樣米真的是養出百樣人哪！

由此看來，人們做工作時的器度確實不同。氣度大者即使擔負龐大的工作份量，亦毫不在乎；但器度小者則往往嫌工作份量過重，未能克盡其責。所以，大工作不宜交付給器度狹小的人，將重任委予此等人亦是錯舉。

畢竟人類的價值不能靠美醜或年齡之多寡來衡量，而應依個人所能接受的度量來估量。是大人物或是小人物，只要量測其器度之大小即可分曉。

器度大的人，所能接受者既大又深，無論多少工作或不滿都能接納，不會執著於小細節，該做的事就去做，完全不受沒價值的事物所限制，應說話時說話，須沈默時沈默。時機來時則進，機緣去時則退。

類似這樣的人，終必能功成名就，渾然具備指導者的才能。

中等器度的人，平常和大器度者一樣氣宇軒昂，但到了緊急時刻則難免心志動搖、手足無措。有時甚至自怨自艾或心懷不滿。

器度小的人，看不清這世間百態，動輒抱怨、指責他人；既不聽取他人的意見，也沒有容納他人意見的度量。這類人物不但不能自我控制，受人指導或經人保護時亦嫌不滿足，因此非常難以對待。

社會上大器、中器、小器的人，混處在一起，由外表很難加以區分，但只要有狀況發生，立刻可由當事者的態度舉止上判明其真貌。

無論如何，我們應戮力成為器度大的人物。

《孫子兵法》有如下的語句：

不動如山，

侵掠如火，

其靜如林，

其疾如風。

我們應學習透視事物的真相，朝著方向敏速採取行動，但對所遭逢的一切則應泰然自若，不失主見，並兼具包容一切的雅量。

15 給脾氣暴躁的人

忿恚損害百千大劫所集之善根。故披忍辱之鎧，以堅固之力摧忿恚之軍。

《大寶積經》

世風日下，許多人毫不忌諱地當著他人的面，破口大罵「真不甘心、太可惡、煩死人、囉哩囉嗦」等。不但男性如此，連女性亦不例外，時代真是變了。

我並不意指女性必須時時溫柔體貼，但連男性都應避諱說出口的話語，竟由外表美麗的女性嘴裡溜出來，實在令人頗有幻滅之感。

俗話常說「脾氣暴躁，自己倒楣」，經常生氣、謾罵他人的人，最後吃虧的還是自己；如此不但自己不痛快，也招來他人的不滿，隨時想「敬你而遠之」，尤其是自我表現慾強烈、好勝、歇斯底里的女性，最令人難耐。

她們每當情緒欠佳時，態度便一百八十度轉變，予人判若兩人的感覺。

通常，我們在與人交往時，只要相互本著誠意，即可相互理解、和睦共處；但類此歇斯底里症的人隨時可能翻臉，有時好意相向，卻反而觸怒了他，因而常令人丈二金剛摸不著頭腦，與其交往時自然就懷著戒心。

有位女性每一生氣，便喪失理智地破口大罵丈夫、朝丈夫亂丟物品，甚至持菜刀追殺丈夫。平常她是個很和藹可親、體貼入微的人，可是一旦對方惹惱了她，她的態度立刻大變，表現出出人意料的行動。若有人出面勸她，則如火上加油般使她的憤怒更高張，所以大家在他們夫婦吵架爭執時，往往只能袖手旁觀。

有一名男子對日本江戶時代的盤珪禪師說：「我天生氣短易怒，如何是好？」

禪師說：「你具有十分有趣的性格，現在你也氣短嗎？把它拿出來，我替你治一治。」

「現在沒有，只是有問題發生時，我馬上會發脾氣。」

「那麼，你的壞脾氣並不是天生的，而是因為某些機緣產生的。遭遇問題時，若你沒有自我本位的念頭，就不致發脾氣。就因為你太自我中心，你的脾氣才會依附你而出現，一切都是由你在操縱啊！但你說這是天生的，不就等於是在指責你父母親嗎?顯然你是個大大不孝的人。」禪師如此啟示他。

《經集》有云：「懷忿怒之癖，憎恨，習於否定他人美德，其有妄見，文飾外表，非人也。」其實，我也常被對方的主語激怒，或因對方的行為而怒不可遏。此時，我總告訴自己，和無知、不懂事的人計較，是我本人的錯誤，而讓自己慢慢平息下來。

16 給行事極端的人

佛曰：「弦鬆時，如何?」對曰：「不鳴。」「弦緊時，如何?」對曰：「聲絕。」《四十二章經》

從不運動的人，即使只是激烈急走，亦可能導致心臟麻痺；空腹時一下子吃過飽，則可能腹痛如絞；可見突然採取極端的行動，都會產生抗拒反應。因此，我們的一言一行都不宜採偏鋒。

本文開始所引的經文，是一位富翁之子梭納歸依釋迦，放棄過去紙醉金迷的墮落生活，厲行刻苦的修行時所說的話。

據說梭納修行時，全身血跡斑斑，所經之處宛如屠殺場。雖然如此，他仍無法斷絕煩惱，而慘遭失意的挫傷，釋迦因此用琴弦來暗喻他。

「琴弦鬆懈時，不可能發出美麗的音色；但過緊時，則連琴音都絕滅了。就像這樣，修行時太怠惰，則漫不經心；太嚴酷，則緊張難期有成，所以，身心仍以保持中庸為宜。」

日本文豪吉川英治所著《宮本武藏》的「斷絃之卷」中，亦載有此類故事。武藏打敗吉岡傳七郎回到客棧時，吉岡的徒弟正埋伏在那兒極思報復，所以，在藝伎吉野太夫的房裡過了一夜的武藏，已緊張到了極點。此時藝伎就以琵琶的絃為喻對武藏說：

「你真是岌岌可危啊！只是一味緊張，完全不懂得放鬆，就像這琵琶，撥弄它時，聲音完全缺乏變化，不但可能斷絃，連整個琵琶亦可能爆裂……」

欲保持中庸之道相當困難。無論食慾、性慾、睡眠等，過度皆有損身心，但不足亦會陷於枯槁及飢餓狀態。

一般認為，吃飯要吃八分飽，但這是無法用道理加以剖明的，完全是屬於體驗的領域。若謂我們的一舉一動皆應屬追求中庸的連續動作，亦不為過。

法國思想家巴斯噶在《隨想錄》中說：

「不向人顯示自己的偉大，而只呈現自己和動物相等，是危險的。可是不顯示自己的卑劣，而只呈現偉大，也是危險的。但如兩者皆未表示出來，則又更危險。如兩者皆呈現出來，就相當有益。人，可認為與動物相等，卻不宜認為等同於天使。此兩者須深切體認。」

總之，人是介於天使與動物之間的存在。

人類一方面會產生高度的機械文明和藝術文化，另一方面又會引發血腥戰爭，使自己他人皆受損，雖然在我們內心潛藏著如此矛盾的情結，但我們仍應在嚐試錯誤中，終身不斷地去探求其中的平衡點。

曾有固愚人，朋友邀請他吃飯，他嫌菜餚無味，便明白告訴朋友，對方於是略加些鹽調味。他覺得美味無比，便要了些鹽隨身帶回家，然後在自家的菜餚裡也加上鹽。但他感到自己的舌頭似乎出了問題，他舔舔鹽，竟至於生病了。

這則故事載於《百喻經》，啟示我們添加人生之鹽的重要性。

一個人太過於鋒芒外露或消極避世，都會招致他人的不滿。太世故或太純真，都一樣不能適意地過日。我們從日常生活中，不難經驗到極端所帶來的不利。

猶如婚姻一般，在婚前情侶們相親相愛，眼裡所見儘是情人的好，真正應驗了「戀愛使人盲目」這句名言；但婚後，彼此才發現對方的缺點，而感到失望、幻滅，若非將自己過去的錯覺擱置一旁咎責他方，就是相互閉起眼睛強忍下來。有時候，就基於這種原因，而使婚姻生活亮起了紅燈。

法國詩人智多．普布說過：「為了生活，我們需要些許錯覺。因為太了解生活的真意，便失去了自然的味道。」

日本的古代詩人一茶亦說過：「即使只是對人說《恭禧、恭禧》，亦以適度為宜。」

對於人生，既不要睜張著兩眼，也不宜閉著兩眼。

人生，猶如手握汽車的方向盤在曲曲折折的道路上行駛，若心浮氣躁則會盲目超速；若顧慮過多猛踩煞車，則會停停駛駛難抵目的地。如方向盤右轉或左轉過度，車子則會偏離車道。因此，開車駕駛須講究閒適得當的態度，當然，這也得親自體驗才能悟得其中的道理。

17 給對容姿沒有信心的人

人身之五尺六尺的靈魂，現於一尺之面上；至於一尺處的靈魂，則盡收於一寸之眼內
《日蓮・妙法尼御前御返事》

許多人常因容姿不夠理想而埋怨父母。前一陣子，就有位剛出道的影藝人員因遭同行取笑胸部平坦，又加上美容手術失敗，一時想不開而服毒自殺。

對女性而言，顏面或身體上的缺陷幾乎是致命的傷害，她們不斷追求美麗，總在容顏和服裝上各出花招。

在很多場合裡，比如就業或婚姻，外觀討好無疑較為有利，但這未必保證能帶給本人幸福，容貌的美醜乃是天生，即使經過整型手術，也不能確定會變得更美。因此，與其執著於外在的美，毋寧踏實地建設內在的美。

日本有位名叫大石順教的女子，她在十七歲時因意外而痛失雙臂，一度陷於萬念俱灰的逆境中，後來皈依佛門修行，學習用口運筆作畫，到晚年她的繪作已斐然可觀。

美國著名的海倫凱勒，集啞、聾、盲等苦難於一身，但她奮力自強，終能藉助特殊的打字機，發揮文筆方面的才華，以救濟其他殘障人士的靈魂終其一生。

與這兩個例子比起來，五官正常四肢健全，能夠自由活動手腳的我們，是何等幸運啊！容顏的美醜哪兒值得計較呢？

中國《俞曲園》一書裡有「顏面問答」的隨筆，是描寫口、鼻、眼和眉毛之間的問答。由於都認為是位在眉毛之下，因此口不平、鼻不滿、眼不服。有一次，口、鼻、眼便責問眉毛：

「你為何在我們上頭一副威風凜凜的模樣？究竟你憑藉的是什麼？」

眉毛回答：「你們的確是功不可沒，進食、呼吸、視物都有賴你們，我萬分感謝。而我只坐在這兒，沒有什麼建樹，常覺愧對你們。但除了拚命堅守崗位外，我又能如何呢？」接著它又說：「很久以來我一直都以口、鼻、眼的心態過日，但我發現這麼做是錯誤的。此後我要以眉毛之心來生活了。」

萬勿以容姿的醜陋為恥，而應以內心之醜為恥。

美國第十六任總統林肯說：「人到了四十歲之後，必須對自己的容貌負責。」

既然天生的容姿無法改變，我們就應於內在美上多磨練。除非是掛上黑眼鏡，否則我們根本不可能掩飾自己的容顏。

眼睛務必保持澄澈，

受到污染之後就不管用了。

誠如這佛教詩句所指陳的，凡以澄澈之眼凝視這世界的人，容姿的美醜已不是問題了。

18 給受自卑感牽制的人

世間種種之法，皆如幻影，故不宜為其而心動。《華嚴經》

人人都有不肯讓他人知悉的缺點和弱點，但如對此過於介意，必會覺得自己萬般皆不是，有時甚至會陷入絕望而畏懼與人交往。

所謂自卑感，都是起源於自認身心有缺陷、或自覺經歷、財產、家境等不如人而產生的。人一旦受自卑感牽制，便很難跳出這個泥淖。

我也一度因口音而產生自卑感。因為我來自鄉村，方言的腔調很濃重，而且又長得其貌不揚，因此到了城市後便覺處處扞格不入。

我覺得自己說得腔圓字正了，可是談話的對象仍反覆要我重述，弄到最後不是彼此尷尬，就是我本身招來他人的輕蔑，我左思右想，搞不清楚為什麼不能和人順利交談，過了一、兩個月才赫然發覺，問題是出在重音上面，爾後我便下工夫在這方面力求糾正。

鄉下人的口音與標準國語原就有些許差距，因此鄉下人說話帶點兒土腔並無可厚非。可是許多城裡的人卻往往瞧不起來自鄉村的人，這就好似一個人的頭部對自己的身體下部謾罵說：「你真醜陋，真難看。」一般，殊不知胃、肺、心臟和其他排泄器官一旦不存在，僅僅留下頭部，身體還能健全發達嗎？

在都會裡，文化設施雖然非常普及，無論購物、求職、交通等都十分便利，但空氣惡濁、噪音逼人、物價高昂、人情淡薄，遠不如鄉村生活溫馨、有人情味。如果能在鄉間從事充分的研究活動，我寧可選擇居住在鄉下，即使因此被取笑為土腔土調，亦不以為苦。

我之所以能克服自卑感，完全在於我能徹底追究其原由。我不但出身鄉間，並且在二十歲之前就長了滿頭白髮，不管從哪個角度看都是其貌不揚。

「我是個鄉下人，這是改變不了的事實。笑罵由他吧！在這些城裡人的笑謔世界裡，我終有崢嶸頭角之日。」

於是我遠赴海外求發展。倏忽十數年歲月流逝了，俟我返國，無論城市或鄉村都有了長足的變化。如今，鄉村業已都市化了，即使居住在鄉下，生活環境亦和都市沒有多大差異，只要撥通電話就能和其他任何人通話，我周遭亦有許多外國友人，且彼此往來頻繁，因此居住起來更覺舒暢，不但空氣新鮮、環境寧謐，又能較易獲得鮮美的食物和蔬菜，且僅須約一小時車程即可到達市中心，在車內剛好可閱一本新出版的書，每天都覺愉悅滿懷。

19 給怯弱成性的人

耳目見聞為外賊，情慾意識為內賊。唯主人翁，惺惺不昧，獨坐中堂，賊化家人。

《洪自誠．菜根譚》

社會上懦弱成性的人舉目可見。這等人意志脆弱，膽小如鼠、思慮過繁，做事縮頭縮腦，而且經常悔不當初、凡事耿耿於懷、自怨自責，常封閉在自設的硬殼裡，對外在世界失卻與趣。

據調查，這種人在幼少年代泰半曾受到好強的母親的過度保護，凡事都由母親代勞，經常討好母親。近來這樣的青年有增多的趨勢，他們事事想依賴別人，沒有自己的夢想、希望和宏願，甚至有人表示活得很乏味。

一個人的意志或感情長期受壓抑，猶加被去勢的動物，情形更惡化後，即易罹患精神分裂症。法國思想家夏格爾曾說：「在這個時代，已很少有人能因感動而坦誠地流淚了。」

無論在家庭、學校或社會，我們的確常感覺不能隨意地表達喜怒哀樂，以致我們常會失去活力幹勁。這對個人或國家都是莫大的損失。

日本鎌倉時代的統治者北條時宗，曾遭江戶後期的政治家村田清風暗諷：「有人問日本的大和精神是什麼?我說呀，敢於砍死蒙古國使的時宗的精神就是。」

以驍勇剛猛聞名的北條時宗，原本是個極其懦弱的人。

當年日本遭蒙古襲擊，國家正處於存亡危急之際，他左思右想無法作決斷，便去就教圓覺寺的開山祖師無學祖元禪師，如何才能克服怯弱之心。禪師答稱：「解脫之道很簡單。只要知道怯弱的原因即可。」然後要他交出使他困擾的原因。

時宗說：「我不知道自己怯弱的原因。」

禪師便說：「這一切都是你造成的。明天，你把時宗拋卻，再來找我。」

「如何拋卻呢？」時宗詢問。

禪師答：「斷絕一切念處。」（放棄自我，斷絕自己的思想）接著他又說：「只管打坐，期身心靜寂。」

時宗又問：「俗家人免不了諸事紛擾，但時間不夠怎麼辦呢？」（像我這樣的凡夫俗子每天需經辦種種事務，那有時間坐禪呢？）

禪師朗聲說：「行住坐臥一切事務，是最好的修禪道場。」亦即「平常心，就是道」，也就是修行並不一定得倚賴日常生活之外的坐禪才能盡功。

時宗聽完此話，頓覺醒糊灌頂，終能捨棄己見，一心鍛鍊自我，連蒙古來襲時都能斷然地率軍襲退元軍。

日本明治時代的詩人正岡子規在他的《病床六尺》一書裡說過：「我原以為禪悟，是隨時隨地都能赴死的心態，但細細思索，發覺此乃大錯；所謂禪，實際上是指何時何地皆能心平氣和地生活。」不管遭遇任何事，都能平心靜氣地面對，並不是能輕易達到的境界。人，唯有捨棄自己，才有可能開悟。

我也是個膽小者，每逢要和大人物見面或得面對上千的觀眾演講時，我都會怯場，無法順利表達自己的意見。後來我終於覺悟「一切應順其自然，即使表現欠佳也頂多丟丟臉，不致招來殺身之禍」，於是硬著頭皮上陣，事情便一一過關了。

一位朋友在作公開演講時，必定手持符咒。我問他為何如此做，他答說：「不這樣子，我不知該把手放在哪兒，一顆心總是不落實。」

人人都能為自己找到一個好法寶，來紓解緊張、排除怯弱。世上的法寶無奇不有，生性怯弱的人不妨用心去揣摩。

20 給難戒菸酒的人

在現世過活，遵循經文所述即可。凡經文所列為禁忌者，切勿冒犯。

《法然．敕修御傳》

佛教的五戒中，有所謂的「不飲酒戒」。東南亞的佛教徒現仍嚴格恪遵它，如果破戒，在布薩當天得跪在佛前懺悔，發誓不再第二度破戒。

實際上在熱帶地方由於天氣炎熱，嗜酒者並不多，而且即使僅喝少量，亦會快速醉倒，痛苦難堪，所以，酒被認為是縮短生命的死水，一般人都敬而遠之。除佛教戒酒外，回教徒和印度教徒亦禁止飲酒，因此非洲、中東、印度、東南亞一帶，酒類的消費量非常少。

酒確實具豐富的營養，不但可作社交的潤滑劑，且可供舒鬆精神壓力之用，故未可一概否定其價值。然而「一杯，人吞酒；二杯，酒吞酒；三杯，酒吞人」，飲酒過度會導致身心異常，產生意想不到的弊害，甚至危及我們的生命。其實，酒本身並無罪，是喜好杯中物者製造了罪愆。

在日本的大乘佛教裡，並不講究於形式上遵守戒律，而是考量飲酒者的目的、心態以及當時狀態等，來解釋酒戒。有位法然上人，一天，徒弟問他：「喝酒犯罪嗎？」

他就這樣回答：「其實不應該喝，但這已經約定成俗了。」

酒能亂性，能夠不喝最好不喝，非喝不可時，當然也未便全然排拒。法然上人的解釋雖然模稜兩可，不過，他依然強調在現世裡必須遵守經文過活。

若喝酒能有助於我們集中精神，從事於學問的鑽研或工作，則飲酒何害？因此飲不飲酒實不應一語論定。

酒好比小刀，只要用得適時適所，便能造福人類，例如，用於手術解除病人的痛苦；若用得不當，則能禍害人類，例如，作為強盜殺人的利器。

手術刀和匕首，銳利的程度無異。如認為小刀可成殺人利器而禁用它，那麼醫生如何救治病人呢？因此，小刀全然無罪，一切端視使用者的我們是懷著何種心態運用它。

酒和小刀本身都無罪，其之為功或為過悉由我們決定，因此，使用時須格外小心。我們是否能經常理智地對自己的行為負責呢？若對自己缺乏信心，那麼除非必要，最好遠離酒和小刀。

至於香菸，情形亦復如此。吸菸有害，已成為家喻戶曉的口號了，在香菸盒上都印有「吸菸過多有害健康」的警語。遺憾的是，國內香菸的消費量有明顯增高的傾向。東南亞的佛教僧侶則認為，在戒律之中並未禁止吸菸。可是眾人皆知吸菸有百害而無一利，故最好還是敬而遠之。否則，因此而縮短生命影響健康，是自業自得，怨不得任何人。

此外，吸菸者亦應自覺「二手菸」對不吸菸者所造成的困擾，絕非笑稱：「我戒不了菸！」即可單純地勾消。

近來大家為了維護健康，拒抽二手菸的呼聲不但日漸升高，並已化為行動，公然向癮君子挑戰了。因此，吸菸者再也不能如從前般在家裡或公共場所悠閒地吞雲吐霧了。

21 給暴飲暴食的人

人為食過甚，則身重生懈怠，在現世及未來世失大利。睡眠自受苦，又惱他人，復迷悶難寤。故應時籌量食物。《尼乾子經》

據統計，自一九六七年以來，世界糧食生產額業已追不上人口的增加，十數年之後可能遭遇世界性的糧食飢饉，開發中國家恐將持續發生動亂。

此外，石油、煤等燃料資源亦有限界，如不積極開發出新資源，將無可避免地受到能源危機的侵襲。

然而放眼周遭，我們常無視那些在世界各地連當天糧食都闕如的窮人，而在衣食住行上面極盡奢侈之能事，由於過食和運動不足導致肥胖和虛弱、疾病、短壽，以及自殺。我們實應開始對無限的慾望加以節制，恢復富於人性的健康生活。

在日本石庭界極富盛名的京都山科的龍安寺的茶庭裡，設有稱為「蹲」的石雕洗手盆。該石表面雕著「吾唯知足」四字，提醒我們應該時時知足。

人類的慾望原就不易壓抑、斷絕。可是如不予適當節制，則將如星星之火的燎原，把奔放的破壞性慾望調整昇華為建設性的慾望，實為我們當前的要務。

日本東大寺住持清水公照師父赴歐洲旅行時，在進餐中有德國人問他：

「何謂無？」

對此形而上學的問題，一般認為很難簡單加以說明，不料師父卻慢條斯理地拿起裝滿啤酒的大杯子，仰頭喝乾說：

「真美味！」

然後經由翻譯向對方回答：「肚子餓了什麼都好吃。」

那位德國人拍案叫絕。

在西洋人的概念裡，非常講究分析食物添加了何種物品，營養價值會更高、更美味，卻往往忽略了一個人空腹時吃什麼都覺得是山珍海味。因受美味刺激而暴飲暴食，最後反會覺痛苦或吃壞肚子。

有家商店為了招徠顧客，舉辦免費吃糯糬活動，有名青年於是連吃了二十個，但此後他一見到糯糬便感噁心欲嘔。我在求學時代亦曾和朋友比賽喝酒，結果醉臥路上。翌晨醒來頭痛欲裂，飽受宿醉之苦，此後便滴酒不沾了。

預知身體的危險而保住生命，是動物界裡常見的現象。但號稱「最高等動物」的我們，卻常常做不到這一點，何其悲哀！

現代人一心追求財產、地位和名譽，都是起因於遺忘了「本來無一物」的道理。今後，我們誠應學習只以生活的基本需求為滿足，提倡「少欲知足」的精神。

22 給失去笑容的人

以慈眼視眾生，福聚如海無量。

《法華經・普門品》

常見許多人愁眉苦臉，怨艾「人生無趣」，每日過著悶悶不樂的生活。現代社會競爭日烈，甚至有人號稱離家一步就得遭遇七個敵人，因此，無論在學校、工作場所或任何地方，無法發出會心微笑的人便不勝枚舉了。

我們很難找到能相互信賴，彼此逗對方開心的對象，所以，在不知不覺中喪失了豪邁的笑聲。只靠喝悶酒解愁，或藉電視、收音機裡的相聲、喜劇等，獨自排遣情懷，雖然我們處處仍可聽到笑聲，可是其中已鮮有發自心底的真笑了。

法國哲學家柏格森曾將笑的意義進行學術性的分析，他認為笑乃人類獨具的現象：「發自心底的笑，是健康的生命躍動的證據。」

在精神官能症患者或鬱病患者身上，的確難以尋獲這種笑。

因為他們瞻前顧後，過於在意周圍的人，一心想面面俱到，所以，失落了會心的愉悅的笑；他們的笑，都是偽裝的。長此以往，他們愈變愈內面，嚴重的甚至躲避自我，龜縮在自設的殼子裡，沈溺在不符現實的夢境中。

凡是心情常低落，訴苦「沒事幹，很無聊」、「做什麼事都不感興趣」、「總覺得不踏實」的現代人，都好似遺忘了如何引吭高歌的金絲雀，已然罹患了「精神疾病」。

「破顏一笑」的爽朗笑聲，對身心的健康助益甚大，且可促進新陳代謝，這在生理學上已有明證。獨自時的傻笑或裝腔作笑，雖無損於他人，卻無法引發自己與他人間的共鳴。由衷的笑必然具有感染性，能使彼此互換心底的歡愉。

微笑，是發自人類深處的心語，是笑的源泉。詩人松居桃樓曾以《克服死亡的三十日》為題，極力詠嘆「微笑」。

萬勿栽植，
不會微笑的種籽，
但是微笑之芽，
無論何等弱小，

都應努力培育。
此二者能予實行，
則人與生俱有的，
能隨時隨地對任何人微笑的心，
必會煌煌發光，
人生最要緊的一切，
都涵蓋在微笑這個字裡。

我們一旦失卻微笑之心，便失去了人的資格。諸位不妨經常凝視佛的容顏，那和煦優美的微笑總能予我們莫大安慰。

面對佛而坐，我們的心自然得以淨化，慢慢平和下來。若沒有自信和勇氣將微笑之心傳遞給他人，不妨模仿佛，將佛心作為自己的心。

第二章　斷絕人際關係的糾葛

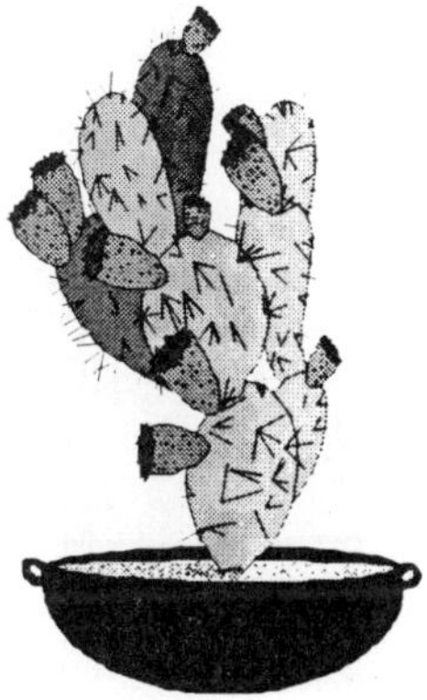

23 給居家無趣的人

禮拜西方，禮拜妻子。夫委託妻家事，妻敬順夫。《六方禮經》

現代父親的地位已大不如前了，其角色猶如薪水搬運工，在家庭中的權威一落千丈。尤其是上班族，工作日得從早工作至深夜，隨著地位和薪水的上升，所負的社會責任更形重大，不但需要開拓新市場，還得與同事激烈競爭，更要照顧部屬，返家時業已身心俱疲。

可是，等待著他的並不是溫馨快活的家庭，而是妻子的不平不滿。到了星期天或假日，上班族父親又被迫服侍妻子和孩子，不但身心無法獲致休息，反而要在疲憊至極的情況下，於翌晨又趕著去上班。如此惡性循環，真是情何以堪啊！

有位類似這樣的父親訴苦：「至少在我回到家時，應能擁有作丈夫的權威，以及放鬆身心的時間和空間。就因為得不到鬆弛和安和，我不得不在下班途中到小館子裡喝杯悶酒，回到家要不是破口大罵妻子，就是默不作聲地去睡覺。」

據說在物質生活最豐裕的美國等地，不少現代父親由於不能忍受在工作場所及家庭中的精神壓力，而藉酒澆愁，日久遂陷於酒精中毒，造成精神異常。

在紐約曼哈頓中央公園周圍，為診治這些酒精中毒者及精神病患，醫院林立。該處的生活諮詢專家或醫生並不力主對這些病人投藥或建議他們住院，而是提供他們房屋的一隅，使他們能按喜好設置成書齋或工作房。

國內的情形又如何呢？到處可見小餐廳、酒廊、酒吧、咖啡屋生意興隆，是否也與上述現象有關呢？

無法尋獲心靈寧靜的現代父親，同樣地會漸漸離家棄子。致使家庭中的母親（亦即妻子）與孩子只好相依為命，妻子將對丈夫的情愛悉數轉投到孩子身上，孩子受到的是母親的過度教育。

於父親不在的母子家庭裡，妻子對男性有強烈的不信任感，這種經驗在無意識中會影響子女，使男孩產生自卑感、性無能之類的精神官能症，以及缺乏自信等；女孩則會產生優越感，性慾過剩之類的歇斯底里症，以及傲慢自大等。

據最近的統計顯示，不良少年少女大都來自這樣的疑似母子家庭。

有精神分析學祖師雅譽的佛洛伊德，就是由於在幼少年時代深深摯愛母親、嫌惡父親，因此而產生自卑感，才創立了戀母情結此一相對立的感情糾葛的學說，縱觀最近的男性，不但在服裝、髮型上愈趨女性化，甚且以娘娘腔而沾沾自喜。

男權喪失至此仍不自覺，能不令人扼腕！

男性一味逞其權威而使妻子兒女屈從，像那樣男尊女卑的傳統社會，已不符合現代需求了。男性天生具冒險性並且渴求理想的家庭，但他們需要女性的扶持、牽引，才能奮力工作，這在歷史上已有明證。但遺憾的是，近來的男女關係業已與此相去甚遠了。現代男性處處受女性掣肘，女性則愈來愈倨傲。

佛典《雜一阿含經》中曾痛陳：「女性求男性，心向裝飾、化妝品，以子女為靠，執著於獨占夫，究極目的為支配權。」若遇此類女性，較乏志氣的男性還能有何作為呢？唯有深具男性氣概的男性，才能使女性流露出陰柔溫婉的特色；亦唯有饒富女性韻致的女性，才能使男性發揮豪邁的陽剛特質。

在《六方禮經》中，對夫婦之道有如次的記述：

「夫禮拜西方，敬愛妻也。此具五種意義。一、尊重妻之人格。二、熱愛妻。三、給予金錢、衣服、裝飾品。四、授權經濟、家事、育兒。五、敬愛妻之雙親。妻對夫則應有如下之心態。一、敬愛夫。二、從順夫。三、服侍夫。四、輔助夫之工作。五、重視家庭生活。六、和藹端莊。七、心懷親切。八、用語輕軟、誠實。九、熱忱歡迎訪客。十、見賢思齊。十一、維護家庭清潔。十二、調製營養菜餚。十三、虔信宗教。」

當前的夫婦如能遵守並實踐這些要點，必然財源廣進、家庭興榮。

24 給出言不遜的人

一文不知之愚鈍之身，與尼入道之無知同，不作智者之言行，只一心念佛。《法然・一枚起請文》

「你又傻又笨，錢賺得少還敢大聲嚷嚷！」

「妳少嚕嗦，連家事都做不好，還發什麼牢騷！」

夫妻你來我往這樣相互叫囂的場面，屢見不鮮，但一般都認為「夫妻吵架，旁人最好別插手」，因為他們彼此也許並無深重的惡意，只不過藉此傾吐胸中的悶氣罷了。但眼看當事人橫眉豎目，行將開打，話鋒愈演愈尖銳時，的確讓人捏把冷汗。

常聽人說，第二次世界大戰後女性和襪子都變得強而有力了。原本看來溫柔嬌嫩的女性俟結婚生子後，常常一改從前，變得厚顏無恥、傲慢無比。有部分丈夫在家裡飽受妻子言語斲傷，無能地龜縮成一團，可是一外出，尤其是在工作場所，卻對後輩依老賣老，在同事前大言不慚，好似自己有多威風偉大。

此情況如持續未獲改善，夫妻雙方都可能呈現躁鬱病徵，因其鬱悶沒有適當管道紓解，不雅、令人難堪的言詞當然就逢機脫口而出了。

如此時有一方能以低姿態說：「你說得對，我的確不夠好！」取代惡言惡語、怒摔物品或哭鬧叫囂，僵局立刻可以解開。法國思想家巴斯噶說：

「狂妄者自認唯我獨尊，所以總與周遭的有識之士起衝突。有時只為了一些雞毛蒜皮的事，便與他人起口角、打架，平白浪費許多精力。這種人因過度自信，常會遺忘對神、對人都應把持虛懷若谷的態度。」

我們在無意間也會陷入類此躁鬱病的病徵中，故須格外留意。

任何人都希望「隨心所欲」、「威風八面」，然而無法控制這種慾望的人，將與禽獸無異。如能時時反省「我的言詞是否太尖刻了」，必能避免陷於躁鬱病。

有位老是與妻子發生口角的丈夫，對於鄰居的和睦融洽很感不可思議，便問：「你們怎麼能夠不吵架呢？可不可以把秘訣傳授給我？」

鄰家主人說：「我們一家都是壞人，所以吵不起來。」

聽到這樣的答覆，他有受辱的感覺，內心十分憤慨。有一天，他聽說鄰家的腳踏車被偷了，就側耳傾聽他們的對話。

「都是我不好，我忘了關門。」「我沒把車鎖好，是我不對！」「我不該把車放在那裡，我錯了。」只聽他們雙方都將責任攬到自己身上。

他這才領悟自己錯在何處，終發誓「再也不破口罵人，傷對方的心」。

《天台法華年分學生式》中謂：「惡事向己，好事與他，利他忘己為慈悲之極也。」雖然在現實上說易行難，但不能如上述確實實行的現代人，難期未來的燦爛光明。

25 給好辯成性的人

做後方反悔，哭泣受其果報，此業，非為善行。

《法句經》

在男性間的對談中，常出現「可是」、「但是」等反駁對方意見的語句，最近女性也感染了這種自我主張的風習，尤其當欲求不滿或偶爾心存依賴時，就將自己的不悅一股腦朝丈夫發洩。

夫：「太太，妳應該早點兒起床。」

妻：「昨夜睡太遲了，今早應讓我多睡些。」

夫：「不早點兒準備早餐，孩子上學會遲到呀！」

妻：「可是我沒辦法那麼快準備好啊！」

夫：「別擔心，我會幫妳忙。」

妻：「但你這樣東催西催地，真叫人受不了。」

許多夫婦每天清晨都是這樣揭開生活的序幕。

其實找理由強辯，不但無補於事，反而可能使事態惡化。問題並不在於強詞奪理，而在於身體力行，理代人常不著眼於工作是否理想進行，而只在賣自己的言語是否能博得認同，若否，做起工作即虛與委蛇，這種人在工作上的表現不僅乏善可陳，言語之間又好逞能激辯，因此令人覺得十分難纏。

一位長官在戰時率部隊進行戰前渡河演習，結果船隻遭遇橫波而翻覆，全體戰士濕濡濡地爬上岸。

長官盛怒地罵：「你們在搞什麼名堂？」

戰士們便七嘴八舌地狡辯，最後招來一頓痛毆。

此時長官才說：「別再辯解了。你們當這是演習嗎？應該把它當作實戰啊！在實戰中，船隻一旦傾覆，你們就只有死路一條。現在你們都死了。死了的人還能說話嗎？」

接著他又怒斥：「你們不能死。失敗就是死。你們沒有權利失敗。」

日本京都東福寺的鼎州禪師也有類此的軼聞。某天，禪師帶徒弟在庭院裡散步，一陣風吹來，落葉紛紛飄落。禪師邊走邊將落葉一葉葉撿拾入懷。

徒弟見此光景，就問：「師父，別撿了，我會掃地的。」

孰料禪師卻大喝：「蠢人！等你掃已經太遲了。我撿拾一葉，環境就多乾淨一分。」

體認到自己應該去做，且能當下即做的人，縱使該事項非常困難，亦能不怨不艾地，無所辯解地投身於其中。

至於那些不發發牢騷、強辯幾句，就不甘心的人，則顯然適得其反。他們想肯定的並不是他們所作的工作，而是他們自己。

我們切勿成為這種人，也千萬別讓他人變成此等人。

26 給饒舌多言的人

懶於種善根，問之功德何用？其猶如問盲乳色為何。實告之亦無何益。《志盤．佛祖統記》

本文標題所引述的名言，是中國天台祖師智顗臨終時對徒弟的說法。其中一個徒弟問：「師父死後將投生何處？我們還能拜誰為師呢？」

大師回答：「對於懶得種善根的人，問他功德的用處，有什麼用呢？這就好似問盲人牛乳是什麼顏色一樣，是根本不濟事的。所以，最重要的莫過於培養自己的善根。」

投閒置散的人留連在咖啡廳，所談論的大半是花邊新聞，否則就是對他人品頭論足。尤其女性們齊聚一堂時，更是說得舌燦蓮花、聒噪不休。

雖然主婦們聚聚聊聊，在精神衛生上不無紓緩壓力和解悶的功效，但如只顧三姑六婆，不好好掌理家務，那就捨本逐末了。

德國人一向最厭惡這種無關痛癢的談話，稱之為「放空言」。文藝復興時期的藝術家拉斐爾說：「欲成為一個聰明人，就應做有意義的質問、注意聆聽、冷靜回答、在沒有說話必要時不講話，以上的技巧都應努力習得。」

我們也有「沈默是金」的格言。足見無論古今中外，都不欣賞多言的人。

釋迦在世時，他周圍也有許多喜愛閒聊、無所事事的人。佛典中就記載他的徒弟在修行的空檔，經常雜談聊天。有一天，釋迦對徒弟說：「比丘們，你們聚在一塊時須做到二件事，即正確的言語和尊貴的沈默。」（釋迦自說經三─九）

在另一個場合裡他又說：「不要說憤懣之語，出言務必謹慎。不該說的應即拋卻，只說應該說的話。」（法句經二三二）

又說：「智慧不作誹謗。不輕易說話。」（雜寶藏經）

日本文藝評論家小林秀雄曾表示：「我隨時隨地可以以死來對自己所做的話負責。」諸位可有這等氣魄。俗話說「禍從口出」，脫口說些不負責任的話，將徒然造成他人的困惑。此外，多言恰似洪水之吵嚷，也是公害的一種。

瑞士哲學家馬克思．比卡托在《沈默的世界》一書中說：「語言由沈默而來，而歸於沈默。噪音由噪音而來，亦歸於噪音。」

由沈默中發出的真正語言，才能扣人心弦，具有決定性的影響。期望大家所說的話語都能具備這種效應。

27 給怨懣不遇的人

莫見人之邪曲，莫見人之能做此、不能做彼，只想己所能做者為何、不能做者為何。《法句經》

任何人都想在人生舞台上熠熠生輝、受人肯定。但大部分人卻終生無法大展長才，有許多人即因此而抑鬱不樂。此時何不想想周遭植物的模樣呢？

百合或劍蘭等燦爛盛開後，常立即遭到摘剪，為的是要將營養儲積到球根；至於球根在栽植後，若水和肥料施用過多，植株會慵懶無神、不能紮根。

杉木若沒有青苔，即無法培育，而此青苔又以不受日光直射為宜，因此，杉葉正巧提供了青苔這層保護。青苔獲得從杉葉滴落的露水作為養分而成長，也供應杉木所需的水分。足見杉和苔是共存共榮，彼此都少不了對方。

就以作為我們身體之一部分的小指頭為例。日常我們雖不曾意識它的功用，但它的存在卻是不可或缺的。若少了小指頭，工具、文具、器具即拿不穩，運動時也常會因失卻平衡而傾跌。所以少了它，事態非常嚴重，而我們常在失去它之後才體認到它的存在價值。

天地自然的大原則是十分奧妙的，世間的一切各按其作用相輔相依地存在，以維持諧調。如有一方起意排斥他方，企圖自我主張、搶鋒頭，那麼彼此便會失和，產生對立，如此一來，大自然的運行即會停滯。以此類推，則我們便不致對自己之不遇而耿耿於懷了。

我在赴夏威夷淨土宗分院參加駐外教師研習時，早晚都得作掃除工作。由於當時是修行中之身，故稱之為「一掃除、二勤行，三學問」掃除工作不能做好，如何能進行勤行和學問呢？在被稱為地上樂園的觀光客的熙來攘往中，我身穿作業衣，一面掃除、割草，一面暗暗自忖：

「我何苦到這兒來過這麼悽慘的生活呢？」

後來仔細回想，正因我從事掃除工作，所以身體健康，睡得甜蜜，吃得美味。只是當時沒有這番心境，老拿他人比較，怨嘆己身的不遇。

懷才不遇的生活確實非常痛苦，尤其對血氣方剛的青年更屬難熬的試煉，然而任何偉大的人物都曾經歷黑暗而漫長的醞釀時期，並非一朝一夕即功成名就。

即使是當前的流行歌手，也並非平白獲致盛名的，他們若不曾經過長期的苦練以及周圍人士的協助，怎可能在歌壇佔得一席之地呢？所有成功都不是偶然的。

28 給偏執己意的人

確實有許多人只執著於自己的所見。且僅以其所見的部分相互爭論。《Udāna・眾育模象經》

社會由於價值和目的趨於多樣化，泰半的權威業已失墜，誠實正直之士不獲肯定，人人自危、互不信賴。世風日下的結果，許多人遂我行我素，恣意放縱，人與人之間的尊重禮貌漸漸消失於無形。

因此，許多人拉幫結黨，排除異己，於己有利者則稱之「善人」，對己不利者即稱之「惡人」，一切價值均以自我本位來決定。

這種行為都是以純粹的利己主義為出發點，完全罔顧他人立場，一味講究「只要對我有好處、我覺得舒服、覺得踟就好了」。

獨獨為己謀利，雖可因凌越他人而感痛快，卻易激起周邊人士的嫉妒和反感，種下爭鬥和反目的種籽，終而被孤立化。

至於追求逸樂雖很暢快，但怠惰之蟲卻會在不知不覺間侵害身心，使人漸漸無能，即使在他人面前趾高氣昂，但此種虛像遲早會被戳破。

像這樣的心態舉止，就好似藥物一般，可帶來短暫的鎮痛和快感，但對自己與他人卻無恆久好處，反而會成為導致破滅的促進劑。不幸的是，許多人並不能預知此種危險，他們不顧一切後果，只陶醉在一時的快樂中。

我的外國友人常異口同聲地批評：「貴國已經自由得過度了。」我本身滯留美國十一年，歸國之後亦有此深切的感受。

凡事自由，乍看似乎很不錯，但卻暗藏著危機。個人如不能有效自控，便不能免於衝動鬧事。放眼今日社會，許多暴徒惡棍的敗行無人願意出面勸阻，因而使得他們更明目張膽，一俟他們作姦犯科、違法犯紀時，已淪落至無法自拔了。

如杜斯基《罪與罰》一書中的大學生拉斯可尼科夫，極力為自己的罪行尋找正當的理由，自我本位地排棄對己不利的所有道理，即為一例。

現代人對損己又損人的行為的反省和自責，已逐漸淡薄了。甚且還滿不在乎地將自己的不良行為歸咎於社會，稍不如意即絕望自棄，進而自殺尋短者亦不在少數。面對此種現象，大家能不有番深思嗎？

為免自甘墮落，大家應明辨是非，痛下決心、鼓起勇氣，不作困擾社會或他人的事，積極從事利己利人的事。

日本筆會會長兼德文學者高橋健二對近來文壇「口不擇言」的風潮輒有批評，他說：「表現的自由不應受外界壓抑，但表現雖追求自由，表現者卻宜自我制約，不可信筆胡寫。」

正因為世風過於自由，我們更應有節制地約束自己的日常言行。以往我們將自由和放縱等同看待，然此二者實有天壤之別，猶如自信與傲慢是截然不同的兩回事。同樣地，自立和孤立、尊嚴和驕傲，其間亦有莫大差異，我們實應徹底釐清易於混淆的個人主義和利己主義間的不同，謹守分寸，有節制地處事、生活。

29 給罔顧現實的人

今時之人，認為未得開悟，即無以為用。然此乃非也。所謂佛法，不過是將我心善加利用為今用罷了。

《鈴木正三・驢鞍橋》

有一次，中國的禪僧趙州問南泉和尚：「何謂道？」

南泉答：「平常心是道。」

這就意指普通生活中有佛道，而佛道也不過是平常生活而已。

從前，日本京都相國寺有位名叫越溪禪師的高僧。有一天，當時外務大臣陸奧宗光的父親伊達自得老翁前往求見說：

「你知道，我是修習儒學的，對儒道也頗為專精，但我不清楚禪之道是什麼，故特來請教。」

詎料禪師突朝伊達猛括耳光。老翁驚愕地衝出屋外，而禪師仍若無其事地坐在原處。老翁非常不甘心，握著隨身攜帶的長刀把柄，恨不得衝進去砍死他。

有一個人，就是雲水，見此光景便問他：「什麼事？」

他震怒地回答：「這和尚太無禮了，他傷害了我作為一名武士的尊嚴，我難以寬恕他，想砍死他。」

雲水聽了這番話，說：「事情將如何發展我們不得而知，但最後終可見分曉，請冷靜點，來喝杯茶吧！」

然後將他引入客廳，請他喝茶。當老翁欲飲茶的瞬間，不知何故，雲水竟將他端著茶杯的手臂拍打了一下。結果茶杯翻落榻榻米上，濕濡了一大片。

此時雲水才說：

「剛才聽你說你對儒道頗有研究，那麼，請問道是什麼？」

老翁在剎那間搜枯竭腸，想藉四書五經的字句來回答，但怎麼也想不出來。雲水再度逼問：「到底什麼是道？請儘速回答。」可是他仍無法作答。這時雲水說：「很冒昧，讓我來給你看看什麼是道。」

老翁懊恨交加，但既然答不出來，也只好點頭。雲水於是將近處的抹布拿過來，擦拭榻榻米上的茶漬說：「這就是我們的道。」老翁至此才恍然大悟說：「我知道。我曾聽說道就在眼前，而我卻往外馳求。」

所以，他再度進入越溪禪師的房間，接受教示，成為他的徒弟。

在佛教中，佛道是不以知識來了解的，而是透過體驗佛所走過的道路來理解的，而這只要經由我們的日常生活予以實踐即可。當下該做的事，馬上心無旁騖地動手去做，過著無悔的生活就是佛道。

就日常事務來看，俗語說：「歲月不待人」，如總將當前應做的事一拖再拖，則何時能完成？

本來「這件事等以後再做吧！」這個念頭本身，就是行動不夠積極的證據。我們都應切記，凡應允要做的事即該迅速確實地著手去做，凡自己無能辦好的事，則該勇敢地不予接受。唯有正視現在，才不致於蹉跎時日。

30 給仿同他人的人

隸屬他人，事事皆苦；主權在我，事事皆樂。《自說經》

「朋友腳穿長靴、身披皮草，我也要去買。」或「隔壁人家替孩子買了電視遊樂器，我也要買給我的孩子。」從有限的金錢中撥出一部分來作這種競爭的情形屢見不鮮。許多人總錯以為不能和他人相提並論，是有失顏面的。

為了競爭心和虛榮心而追逐流行，不和他人仿同就不安心，這正是自己的心過於貧乏的證據，其結果是，為了掩飾自卑感，而不得不終生附從他人。

國人大都缺乏自主的個性，普遍認為大樹底下好遮蔭，所以常屈從於權威，因習於流行。這種情況在當前亦舉目可見，因他們身處島國，社會封閉，不得不長年地共同生活，若有人存心發揮主體性，就會被視為破壞社會秩序與和諧。

可是近年來受詭妙的商業主義的宣傳影響，很多人也覺得不模仿他人、向他人看齊，便惶惶不安，然而長此以往，自己將永遠不能成為自己的主人。

經常，我們和友人共赴餐廳、咖啡廳等處，每逢點菜時即面面相覷，如其中的帶頭者說：「我點這個好了。你們覺得如何？」

其他的人立刻會附和：「好，我也一樣。」「就這樣吧！」「嗯，我也點它！」以致大家所點叫的餐飲完全一樣。像這樣畫一的追從主義不勝枚舉。

大飯店最歡迎類此的團體客人，因為大家所要的菜色悉數一致，在製作及處理上方便甚多；反之，個別客人就較不受歡迎了。赴海外旅遊時，團體客亦頗能自安於相同的食物，外國人看在眼裡雖極表悅納，內心實則輕蔑不已。

購物時，只要店員推薦：「你們買這個絕對值得。」很多遊客便毫不考慮品質或需求，一窩蜂地搶購。附和雷同的態度，是缺乏主體性的表現。

當然，飲食、購物等算不得是什麼大事，但到了需決定自己一生大事的場合時，這種態度如何是好呢？

一位友人單身時代曾任職於大學的研究室，他請求女事務員：「我得整理文件，請將剪刀、漿糊拿來。」那女孩非常體貼地又帶來了擦手用的毛巾。他有感於她的無微不至，便在研究室裡向她求婚。她頓時面紅耳赤，一語不答。

他又再追問：「妳同意嫁給我嗎？」她抬頭說：「這我很難答覆，我得回家問我媽媽。」聲音細小得如蚊鳴。

面對這種事，有父母、兄弟和朋友等可依賴當然不成問題，然長此下去必定喪失自己的主體性，俟沒有這些人可資依靠時，其茫然自失、不知如何是好的情景可想而知。

釋迦過晚年病倒在毘舍離郊外，許久之後才病癒。徒弟阿難見到師父的模樣，鬆了一口氣說：「師父病臥床榻時，我全身乏力，覺得四處一片闃黑。但我自忖，師父不可能不交代後事就離我們而去，我這才安了心。」

釋迦說：「阿難，你期待我什麼呢？我始終是毫不隱藏的，一切都公開說教。你們以為我是徒弟們的指導者，或徒弟們都依靠我，所以，我到了人生的最後理應留下一些遺囑。但其實我想說的一切，過去都已經說完了。」

又說：「阿難，你應以自己為燈，以自己為依靠，不依賴他人，以教示為燈，以教示為依靠，不仰賴其他的一切才對。」（長部經典十六—二）。

不依靠他人，並不意指孤高自傲，拒絕關懷他人，而是指不管發生什麼事，絕不求靠他人解決，最重要的是須體認，自己事自己解決，這是責無旁貸的。

《臨濟錄》謂：「心隨萬鏡而轉。轉處實能幽。隨所為主，立處皆真。」可見唯有自己能作自己的主宰，才能臻於不被他人束縛的「獨坐大雄峰」的自由世界。

31 給不擅管教子女的人

己得身心之教，不難教他。欲教他人，先教己。《佛治身經》

抱怨子女任性難管的父母親有增加的趨勢。究其原因，不外是由社會風潮和學校教育的缺失，或電視、漫畫和不良朋友的影響，以及最重要的，家庭中父母對子女的管教出了問題所造成的。

家庭教育是子女身心發展的出發點。若父母須請求老師協助提醒孩子早睡早起、定時定量地進用三餐，那麼，父母本身管教子女的能力即令人懷疑。

很多父母認為「讓孩子吃好、穿好、讀明星學校、就高薪的職業，過幸福的生活，是期待他能照顧自己的晚年」，實際上這是極其錯誤的想法。

以父母的立場言，當然以自己的孩子最可愛。可是若過於鍾愛自己的孩子，難免會排斥他人的孩子。「只要我的孩子幸福就好」雙親的此種利己思想，會以心傳心，傳遞給子女，子女傳承了此種概念，也會認為「只要我自個兒好就得了，我才不管他人哪！」待其長大之後，凡事則會以自我為中心，對父母、師長等的話語充耳不聞，最後甚至會拋棄父母，成為自私自利的人。

要求這樣長大的孩子去關懷他人，豈非緣木求魚？

有些父母以為，滿足孩子所有的慾望才是親情的流露。然而過度保護畢竟與真正的愛心有別。此外，嘮嘮叨叨亦大不同於循循善誘。時下有些父母常隨自己的情緒起伏，或責罵或寵溺孩子，而不察這實非教育之道。孩子長期浸潤在此種環境中，當然也學會了依情緒來對待事物，這種態度與動物相差幾希？

日本評論家長谷川如是閑說過：「從前一般人教養子女，總儘量避免嘮嘮叨叨，而採行無主旨的方式。」

據他表示，他從未聽母親說過「不行！」這個字眼，充其量是「哎呀——呀！」在從前，吃飯時務必端坐，每當他不端莊露出小膝蓋（日本人穿和服端坐時，不宜露出膝蓋）時，他母親便指著他的膝頭說：

「哎呀—呀！和尚（諧稱和尚的頭和膝蓋一樣，都是光溜溜的）馬上要來接你了。」

於是他立刻糾正姿勢。現代的父親若要求孩子端坐進餐，孩子多半會批判其「太古板」，因此一般都放任不管了。

父母欲成為孩子的好爸爸或好媽媽，首應好好確認為人妻、為人夫的職責與本份，雙方不可在子女之前互爭風頭，攏絡子女，以免子女困惑，對雙親喪失敬意。父母唯有以身作則，拋棄「只以自己的家庭和子女為重」的利己思想，才可能有效地管教子女。

32 給困於管教子女的人

人皆佛法之器。勿自認非器。依行必得證。既有心，即可分別善惡。《道元．正法眼藏隨聞記》

無論自己的孩子多頑劣，為人父母者依舊認為他們最可愛，但孩子們往往不能了解父母的這般心情。

子女習慣上依賴父母，每逢有無法解決的難題，就向父母哭訴，請求代勞。父母愈見子女無能，則愈憐惜；尤其是有犯罪行為或體質虛弱的孩子，父母更是憐愛有加。親情之深、之厚，誠可謂昊天罔極。

我以前居住的街坊上，有名叫S的地痞流氓。他父親是當地的開業醫生，家境富裕。自從母親亡故後，S一改常態，數度因竊盜和恐嚇的現行犯遭警方逮捕，終被就讀的高中退學，送往少年感化院管訓。

管訓結束出院後，他的惡行不但未曾稍減，反而更形囂張，成為街上惡名昭彰的敗類，大家都對他退避三舍，到最後連他父親的診所也不得不關門休業。

於是兄弟四散離析，繼母也在過勞之下撒手人寰；年邁的父親自此無人照護，獨自過著寂寞的生活，未久即病魔纏身，臨終之際他懇求回家看他的S：「望你及早回頭，正正當當地做人，不要讓我死不瞑目。」

父親過逝後，S即不知去向，但聽說他後來改過自新，在南部小鎮某旅館充當掌櫃。

據說日本著名詩人良寬也曾為他的姪子束手無策。良寬出身面臨日本海的越後一帶的出雲崎地方，在禪堂修行了十七年之後返回鄉里，住在國上山麓的五合庵。住在鄉里裡的他的姪子馬之助，當時已是個青年，是頗令他雙親由之夫婦十分困擾的放蕩者。因此，由之夫婦懇請良寬「既已返鄉，就多費神幫忙管教他」。

可是良寬返鄉的初衷畢竟不是為了馬之助，每日只見他悠然自得地坐在廊下抓衣服上的虱子，由之夫婦非常無法諒解良寬此種毫不在乎的態度，良寬亦覺久居下去無啥意義，遂決心回國上山。

出發當晨，他請馬之助送他到五合庵。

良寬坐在玄關前頭對馬之助說：「對不起，請幫我繫草鞋的帶子好嗎？」馬之助依言坐在良寬的腳前為他繫鞋帶，突覺一陣熱雨滴落頸項間，他抬起頭，發覺是良寬婆婆的眼淚。

馬之助一驚，但仍佯裝不知，立刻起身走在良寬之前，朝國上山方向而去。良寬在半途追上馬之助，拍拍他的肩頭說：「你現在可能也覺孤獨寂寞，我在多年前也是如此。你有沒有興趣寫詩？我可以幫你修改。」

此後馬之助就常到良寬那兒找他，不多久他便截然改變了。

世上有許多人都未能掌握回頭的契機，終生過著萬人唾棄的生活。例如，詹姆斯迪恩所主演的電影《養子不教誰之過》中所刻劃的不良少年，即不見容於雙親，無法取得任何人的信賴，長期在愛的渴盼中掙扎，最後終被迫採取毀滅的行動。

由此可知，若不能站在渴盼愛的青年的立場，抱持能充分洞察他們心理的慈悲胸懷，便很難善導他們，欲解救他們，唯有抱著如《維摩經》所說的：「因著一切眾生病，故我也病」的同理心，才可能達成。

33 給喪失愛子的人

諸行無常，生滅為性。有生必有滅。其靜乃是安樂。《大般涅槃經》

殫精竭慮所養育的，寄予厚望的愛子先行死去，父母親的椎心之痛可想而知，見到撫著愛子的屍體，幾乎瘋狂地哀嚎「回來吧！還我孩子的生命吧！」的父母。像這樣的死別之苦，若非親身經歷，很難了解其中的滋味。

友人的三歲幼子發病一日即猝死，此後有很長一段時間，他無法工作，一味意氣消沈、悲嘆飲泣。旁人看在眼裡，雖賦予同情，但不知如何勸慰他或鼓勵他。

親情的強韌，不分古今中外皆然。釋迦在世時，住在印度高薩羅國國都舍衛城的一名女子——吉薩．哥塔米的故事，就是極典型的例子。

當時，甫學步的哥塔米的獨子病死了。她非常悲嘆，盼望愛子能起死回生，於是她抱著孩子的屍體，沿街尋求復活的藥方。但沒有人聽聞過這種藥方，大家都對她愛莫能助。

此時，獲知這事情的一位賢者對她說：「太太，讓我告訴妳知道這種藥方的人吧！」她喜不自勝地問：「是誰？」他答：「住在國都南方祇園精舍的釋迦，妳去找他吧！」她立刻趕往釋迦那兒，將事情一五一十地告訴他。釋迦教示她：「能讓妳的孩子復活的良藥是白芥子。妳到街坊上去找來，讓妳的孩子含在口中，他馬上能復活。不過，這白芥子必須從未曾死人的家庭中找來才行。」

哥塔米來到街上，挨家挨戶地探問是否有不曾死人的家庭，但都徒勞無功，她只得疲憊不堪地再來找釋迦，告訴他：「我找不到那樣的芥子。」

釋迦曉諭她：「那是必然的。生者必然會死，在這世界上沒有一個人能背此道而行。」

哥塔米這才醒悟到自己的愚昧，從此便皈依佛門，供養孩子。

前述第一例的朋友，後來也以愛子的死為契機，認真去思索人生的道理，他所獲得的結論是：

「不管父母多麼呼天搶地，死去的愛子都不可能起死回生。若父母因子死而哭個不停，就表示這孩子不孝，我絕對不讓這孩子做個不孝的人。」

因此他下決心不再為孩子的死而落一滴眼淚，開始過著能讓孩子欣喜的生活。

失去最心愛的孩子，誰能毫不在乎？然而最重要的是留存下來的人能從這其中得到什麼啟示。陷溺在愁雲慘霧中茫茫失神，亡靈便無法獲得解救。

所以，對亡靈最其意義的供養，是留在世上的人能讓亡者在天之靈得以安息，並讚美世上的人的快樂生活，此即所謂的「亡者成佛」。

櫻花凋落　殘留的櫻花　也會凋落

以上歌詞正暗示我們，人的一生終有謝幕之日，只是不知道什麼時候罷了。雖然人生短暫，但我們都有責任去努力實現前人留下的教示和期望，並將我們的教示和期望傳諸後代。

佛教學者金子大榮師曾說：「花瓣凋零，花永不凋零。」旨在曉示我們生命的美麗之花永遠不變，我們應謹記這啟示，好好地生活。

34 給欠缺自信為人父母的人

> 是善男子、善女人入如來之室，著如來之衣，坐如來之座，爾乃為四眾廣說此經。如來之室是一切眾生中之大慈悲心，如來之衣是柔和忍辱之心，如來之座是一切法空。
>
> 《法華經．法師品》

俄國文學家屠格涅夫有篇膾炙人口的短文《勇敢的麻雀》，敘述一八七八年四月某日作者於狩獵歸途中，正帶著獵犬大步而行，突然發覺附近白樺木樹上的鳥巢裡，有隻小麻雀拍撲著翅膀，但因牠尚無飛翔能力，所以隨即跌落步道上，這時獵犬趨近牠，而從樹梢也飛來一隻黑漆漆的母鳥，牠連續三次猛朝獵犬鼻尖撲去，逼得獵犬不得不退卻。

屠格涅夫對母鳥的母愛深為感動，立刻喚回獵犬，匆匆離開該處。

反觀人類的世界，是否存在著像這隻禽鳥般敢於為護子而奮不顧身的父母呢？當然，不能說沒有。可是許多父母養兒育女的目的，旨在為自己的老境尋求照應者。若存有這類意圖，便距離真正的親情太遠了。充其量只能稱其為對子女養育所花費時間、金錢與力氣的代償行為罷了。

為防老而利用子女的為人父母者，是沒有義務加以孝順的。而他們之遭遇子女的抗拒也是勢所必然。

實際上，養育子女是為人父母者的義務，至於子女是否孝順，則完全憑子女的自由意志。

出身農家，有十一個兄弟的日本象棋的升田幸三九段，曾有如下的記敘：

「我父親嗜酒如命，又好賭，絕對算不上是好爸爸。不過，我認為他是我最好的恩師，因為他一言一行所給予我的都是不良的示範，所以，我只要表現得與他相反即可，日子過得真是單純多了。」

即使是不甚了了的父親，亦可能作為子女的一種啟示。當然，對子女的親情宛如星光照耀，完全不求回報的像如來（佛）般的慈悲和柔和忍辱之心，以及無所執著的親愛之心，最能贏得子女的尊敬和孝順。

無視父母的行為是好是壞，而總試圖從他們的生活中汲取訓示的子女，都非常令人刮目相看。很遺憾的是，有些父母雖很傑出，但他們的孩子卻始終不曾察覺，而恣意違抗，甚或視之如眼中釘。

無論如何，父母就是孩子的鏡子，所以，父母應「將一切看作我身之報，不怨人、不怨世界」。

子女未必會如父母所期盼般成長，他們最終是得成為他們自己。

故養育子女時應如本文開始所引經文般，以身作則進入如來（真實）的房間，穿如來之衣，坐如來之座，行徹底的慈悲心。

總之，不可將孩子養育作為自己的工具。無論為人父母或為人子女者，都應徹悟真實的自己，踏上真實之路。至於缺乏自信這麼做的父母，則除了捨棄自力之行，祈求神佛並蒙其加護之外，別無他法。

35 給被金錢奴役的人

失財之失，小也；最大之失，乃智慧之失。《增支部經典》

問鄰近的孩子：「你們認為除了自己的生命之外，什麼最重要？」他們異口同聲地答：「錢！」

對孩子來說，金錢的魔力非常大，因為錢可買回他們想要的物品，消除生活上的不安。無怪乎成人、小孩都要執著於金錢了。

據最近所作問卷調查顯示，大多數國人認為「最理想的職業」是醫生、律師等所得偏高的職業。

現代父母之所以撞破了頭，也要讓孩子自小即繳交昂貴的補習費接受補習，莫不是期望他們能突破激烈的入學窄門，考上一流的學府，以便在較有利的條件下躋身一流的社會崗位，獲得高收入的職業，使生活富裕安定。如此，同時亦可保障為人父母者晚年生活的安穩。

若在高度經濟成長的波濤下，子女能夠平步青雲，終於獲得高薪，自不成問題，無奈最近的景氣每況愈下，減薪、失業或破產的消息時有所聞，許多人因此更視錢如命了。

約在二十多年前，我隻身赴美國留學，初抵紐約州的西拉庫斯巴士站，身上的錢便幾乎悉數被竊走。就在我將沈甸甸的行李置放在巴士站，向購票處詢問前往目的地波士頓公車的出發時刻時，事情便發生了，前後僅數分鐘時間，我那裝支票和護照的小提袋就不翼而飛了。

幸好我的衣袋裡尚放了車票和區區三塊錢，終能勉強到達目的地，我舉目無親地在大學城裡尋覓宿舍，三天之間每天只吃一餐麵包裹腹，最後錢整個用罄了。

我不敢將實情告訴房東，未料禍不單行，我突然又罹病，發高燒不省人事，待醒過來時，人已躺在 Stillmam 大學醫院的病床上。

接著的幾天都恍恍惚惚地，自退燒以來，我一見到醫生或護士前來，一顆心就七上八下地生怕他們宣佈我可以退院了，我心底還祈望病不要痊癒。因為我身無分文，付不起住院費。

在那一星期內的某個早晨，護士曾傳遞給我一張白紙。由於當時仍不許自國內匯錢出來，我已經沒有學費和生活費，除了放棄留學，洗碟子過日外別無他法，因此，我決心將遭遇和盤托出，並請求允許我賺夠了錢再補繳住院費用。

意外的是，那張白紙並不是退院結帳單，而是西拉庫斯警方打給我的電報，電文中說明發現我所失竊的小提袋以及支票。這封電報宛如照亮地獄的一道幽光，將我從最苦痛的境域中解救了出來。我立刻傳話給醫院，表明數日後將退院。領回支票後，我總算如願進入大學就學。

古人常說「看不起一塊錢的人，將為一塊錢而哭泣」，有了上述的體驗，我才領悟到金錢的可貴。的確，金錢是生活的必要品，沒有錢，每日的衣食住行即成問題，根本無法生活。

不過，金錢雖是生活的必要條件，卻不是絕對條件。擁財富過多時，又不便到處炫耀，反而會堆沙納垢，落得死藏的結局。

無論獲得多少金錢、名譽和權力，擁有多體面的職業，若只獨獨顧全自己和自己的家族，則並不能贏得他人的尊崇和敬意。此外，這些東西畢竟是身外物，生不帶來死不帶去，不幸的話甚至可能引發子女爭奪財產或感情糾葛。如此想來，最重要的還是應善加利用金錢。迄今，我都不斷以此自戒。

《相應部經典》裡有云：「化雪山為黃金，再加以二倍後，亦不能滿足一人之慾望，悟知此理，人方能正其行止。」

金錢是人們生存所不可或缺之物，但只憑金錢並不能充實生活。我們不宜為錢而生活，作金錢的奴隸；而應有效利用金錢；作金錢的主人翁。否則豈不枉活了此生此世？

36 給為愛慾所奴的人

佛言，人懷愛慾不見道，譬如濁水，以五彩投入其中，致力攪之，眾人共臨水上，能覩其影者無。《四十二章經》

曾有一名二十四歲的現職警察，身穿制服闖入女大學生所住的公寓，犯下姦殺之罪，造成轟動一時的事件。據該警察供稱，他約在半年前就開始伺機而動，作案時完全忘了自己是身為人民褓姆的警察。

當一個人為情慾所侵時，常會喪失理智，而隨本能行事，甚至為了達成己慾，不惜動手殺人，這位引人非議的警察就是在著魔的情況下，做出了令人意想不到的事。許多年輕人也常在一時衝動下，做出自毀前程的事例。

最近就陸續傳出有人因缺區區菸錢而竊盜，或僅因芝麻小事即犯下毫不值得的殺人罪行。顯然世風業已日下，缺乏自制心的人有增加趨勢，就連警察也難逃這種歪風的污染，令人深以為憂。

慾望之難以處理，並非始自今日。在古代佛典中即常反覆提醒我們這一點。釋迦之教示的著眼點，即在於提示我們妥善處理成為我們痛苦根源的慾望。比較能貼切地將釋迦的言語真實地傳諸後世的《經集》或《法句經》裡，均將慾望的根源稱為「愛執」或「渴愛」。

《經集》（二一五•二一六）裡以疑問式表示，「由慾情生憂，由慾情生怖。斷離情慾，憂即不存在。則何所怖呢？」

《法句經》三三五也記載：「在這世上，凡為充滿毒素的激烈愛慾所挫敗者，將如繁茂的比拉那草，憂上加憂。」釋迦深深洞察慾情的實態，認為其乃迷妄的源頭，而唯有斷絕慾情，才能到達涅槃。

另外，《梵網經》裡也說：「心馬馳惡道，放逸難禁制。」道綽所著的《安樂集》裡也提出：「諸凡夫之心如野馬，較猿猴更劇烈馳騁六塵，何曾停息？」也都是著墨於此。

《六十華嚴經》裡謂：「發菩提心，不為慾火所焚。」旨在提示我們嘗慾情與起時，應不予理會、淡然處之。愈想控制慾望，愈受其煎熬，以平常心看待它，即能昇華它，將它導向其他的方向。

日本江戶時代黃檗宗的鐵眼（一六三〇～一六八二年）因發願出版大藏經，到處募款。有一天，他住在一位富孀的宅邸。夜裡醒來，覺得慾念難消，便在下體施灸，勉強忍耐。

翌晨，富孀聞到屋裡有灸味，就問他原因。鐵眼回答：

「真不好意思，我因慾情太強，所以施灸。」

這使富孀感動萬分，當下捐出巨款。鐵眼遵行佛教五戒中的不邪淫戒，獨力募款，終在延寶六年（一六七八年）如願出版《黃檗版大藏經》。

37 給失戀的人

例如磨鏡去垢，使其明亮，能清楚看見自己形貌一般，能斷慾守空，即能獲真道、知宿命。

《四十二章經》

有人覺得初戀的滋味宛如苦酒，而失戀的滋味不但如苦酒，而且其苦更勝一籌，其悔恨懊惱之情，若非親身體驗實難領會。

一度互愛的人互相受到創傷，面臨別離的悲傷，當然苦不堪言。但戀愛者最後往往須經驗這一過程，此乃命運使然。

戀愛之初，如能思考到失戀的可能性，便可免於失戀之苦了。唯一般人仍不能克制地要對戀愛懷著憧憬。

現實的人生很難盡如人意，生、老、病、死都是苦。此外，須與愛者別離的「愛別離苦」、須與嫌惡者見面的「怨憎會苦」、無法得到己所欲想之物的「求不得苦」，以及因盈滿外溢所造成的「五蘊盛苦」等四苦，亦常伴隨著我們。

在佛教裡，將這些苦稱為「四苦八苦」，究其原因，我們會發覺這都是為滿足自我慾望的利己心所導致的。

尤其在戀愛時，一般都想獨占自己所喜愛的對象，有時甚且會無視對方的情緒而加以傷害，或將對方過於理想化，未曾三思即獻身對方而犧牲了自己。

就這樣，在自我擴大或自我犧牲的兩極化傾向中，互愛的雙方遂在不知不覺中發生摩擦，而落入挫折懊恨的窠臼中。

戀愛無疑地會使人生充滿瑰麗的色彩，並淨化人生。但我們同時需覺悟，戀愛不是一成不變的，畢竟負心的事件比比皆是。

放眼看看古今中外多數的戀愛小說，如莫瑞亞珂的《愛與恨》、安德烈·紀德的《窄門》等，其中的戀愛最後都是以悲劇收場。

事實上，喜愛或戀慕對方，和真正的戀愛，在根本上是不相同的感情。可是許多人不察，總將兩者混淆。

杜斯妥也夫斯基的《卡拉馬助夫兄弟》中，就有以下的一個場面：哥哥米查·得米脫里一面拍著為愛、嫉妒和憎恨之火焰焚燒著胸臆的胞弟阿留夏，一面叫喊：

「戀慕和愛情是不同的。在憎恨當中亦可能對對方懷著戀慕。你要好好記住這點。」

我們的確常將戀慕誤以為愛情。常聽人說：「我失戀了，胸口好似被灼傷了一般。」事實上他是否真正愛戀對方而失戀了呢？頗令人可疑。

法國作家 Saint Exupery 在《地之人》裡說過：「真正的愛並非相互凝視，而是共同朝同一個方向凝視。」

確實，真實的愛是雙方朝向共通的目的或價值，奮力邁進的關係。因此，朝向此一目的跳躍、全身投入的勇氣，是不可或缺的條件。

38 給夫婦失和的人

能守信，家內安和，自然得福。此非神所賜者也。《阿難分別經》

數天前，獨自到咖啡廳飲紅茶時，碰巧聽到鄰座的一對年輕夫婦如此爭吵。

夫：「妳為什麼這麼蠢，竟在那無聊的東西上耗費這麼多錢，要買就該買管用些的。」

妻：「你說什麼？我蠢？我想買就買，這是我自由，反正錢是我自個兒賺的。莫非你想買給我？你賺那麼少錢，老是買不起東西給我，還敢囉嗦！」

夫：「妳太口沒遮攔了，我的錢全都用在繳貸款上。妳明知這點，就該稍微省儉些。」

妻：「這話該由我來說。既要省儉，你為什麼每晚還去喝酒？否則酒錢也省下不少了。」

夫：「……」

妻：「你幹嘛不說話？瞧，你沒話說了吧！」

他們雙方你來我往、互不相讓地口角，讓人不忍卒聽，便起身離去。

夫妻新婚之初泰半是如膠似漆，但經一段時間後，就慢慢會發現對方的缺點，或為一些枝葉末節的事發生爭吵衝突，情況不獲改善時，許多夫妻甚至進而分居或離婚。由於我偶或受託調解夫妻間的爭執，對「夫婦吵架，連狗也覺討厭」這句俗話，確實深有同感。

釋迦在世時代，夫婦間的紛爭似乎也不是罕事。

《六方禮經》中就曾提出警語：「夫對妻，以尊敬、禮節、貞操相向，委以家政，偶爾給予飾物。」及「妻對夫，應主持家務，適切使用僕役，守貞操，不浪費夫之收入，使家業興盛。」

《玉耶經》裡有則故事如下。下嫁給孤獨尊者長男的斯遮塔是位惡妻，她家中時生紛爭，所以釋迦傳喚她前來，諭示她說：

「斯遮塔，世上的妻子分七種類：第一為如殺人者般的妻，即持污心、對夫無敬愛之念，移情別戀其他男子的妻。第二為如盜賊般的妻，即不理解丈夫的工作、貪慕虛榮、貪口腹之慾、浪費夫之收入、偷盜夫之所有物的妻。第三為如主人般的妻，即不顧家事、怠忽己責、貪口腹之慾、經常對夫惡言相向的妻。第四為如慈母般的妻，即對夫懷抱濃厚愛情、如母對子般守護夫，且珍惜夫之收入的妻。第五為如姊妹般的妻，即對夫懷有姊妹般的愛心，以廉恥之心照顧夫的妻。第六為如友人般的妻，即見夫則喜，宛若久違的友人般，且端莊敬夫的妻。第七為如僕役般的妻，即服務丈夫、敬愛丈夫、對夫百般忍耐，不懷怨怒和憎恨、極尊重丈夫的妻。唔，斯遮塔，妳想當哪一種類的妻呢？」

斯遮塔被這麼一問，頓覺羞愧不已，從此她就判若兩人，成了賢妻。

對現代的太太們而言，可能會覺上述釋迦的訓示已經落伍、不適用，可是仔細加以思索，必可發現其中仍然深富含意。

夫婦是維持家庭發展不可或缺的單位，夫與妻各有職司與工作。父親需外出工作賺取金錢，以求養育家庭，母親則得佇留家庭中，處理家事，照料丈夫和孩子，期能使家庭上軌道。此兩者相輔相成，缺一不可。

若夫和妻將各自的功能混淆，甚而相互以同一功能較勁，那麼，夫妻關係或家庭遲早會出現裂痕。

本文所引述的經文「能守信」，意指夫婦應確認彼此功能有別，角色互異，故各盡己責實為重要的課題。若雙方有不和情事，即應虛懷若谷地自我檢討。

39 給嫉妒心強的人

人若為害無邪念者，或污染清淨之人，則其惡必反饋本人。《法句經》

古人常說：「鄰居建倉庫了，和睦的關係開始變調了。」見不得他人成功、富裕的心態，充斥在人與人之間。

法國思想家盧梭在其名著《愛彌兒》中說過：

「人就是這樣，自己獲得了幸福還嫌不足，尚得他人不幸才行。」人的確常在擁有幸福之後，還以毀滅他人的幸福為快感。此種嫉妒心理，尤以日本人為烈。

長谷川伸就曾於其作品《活生生的小說》中一針見血地提到：

「日本人好似水桶中的螃蟹。當有隻螃蟹奮力在桶子內側往上爬時，另外一隻馬上會將牠拉下來。日本人確如桶中的螃蟹。」

一般咸認嫉妒心是女性特有的心理，其實這是誤解，男性又何嘗不是常懷嫉妒之心？任誰都有慾望，為了滿足慾望而採取行動時，難免得和他人交手，若自覺自己處於劣勢時，自然想盡辦法欲搶先對方一步，如此相互爭先比較，競爭意識即隨之興起。此時若我們不具備更高超的修養，勢必成為人生的敗北者而落寞以終。

日本早稻田大學和慶應大學學生之間的競爭是人盡皆知的，他們不但在運動場上，也在其他諸如學業等方面崢嶸頭角；日航與汎美航空間的競爭意識也非常熾烈，他們屬同一企業，唯有相互切磋琢磨，企業才能與時俱長。

賽車選手或賽馬騎士，在競賽場合唯有與對方的實力在伯仲之間，才能締造成績的高峰。如實力相差過於懸殊，即缺乏競爭意識。因此，若謂自由和競爭心是文明社會進步發展必不可少的因素，亦不為過。

不過競爭心如處理不當，亦會帶來弊害，例如，交情彌篤的同學報考同一升學考試，彼此間難免有激烈競爭，此時即應自我鞭策，在學業上力謀精進，萬勿以卑劣手段或心理對待對方。

在日本由於升學競爭激烈，多年前在東北地方的一所高中，就曾傳出刺殺同學的事件，在我住家附近的高中，亦曾傳出應屆畢業生為成績不如理想而自殺時，有部分同學不但未賦予同情，反而幸災樂禍地說：「太棒了，我們又少掉一個競爭對手了。」

當不能以磊落的胸懷看待競爭對象時，競爭心就會變質為嫉妒心。

《譬喻經》裡有則關於善妒的夫婦的故事，茲引述如下。

某日，丈夫說：「開酒甕，倒酒來。」

妻子打開酒甕，赫然見到一位女子。她在嫉妒心驅使下對丈夫抗議：「你窩藏女人。」

丈夫答：「豈有此理！」隨後就去察看酒甕，竟驚愕地見到一名男孩。「妳私通男人！」他懷恨地說。

接著，雙方開始激辯，終於大打出手。

這時一位路過的賢人聽到他們的爭吵，便說：「唔，讓我幫你們把裡頭的男女揪出來吧！」

遂將酒甕打破，然後賢人勸諭他們：「酒甕中所投映出的男女，不是實體，而是影子，愚人才會將空影誤信為實體。儘量自這迷妄之夢中醒悟吧！」

可見所謂嫉妒心，就是將非實體者視為實體所生的迷妄。假使對特定對象湧發競爭心或嫉妒心時，即應冷靜地自我省察，以免淪於迷妄；或和對方切磋觀摩，共求進步。

40 給煩惱婆媳失和的人

芙蓉、梅檀之花香，幽微飄逸，卻不會逆風薰香。善人、德高之人的芬芳，風卻無法遮掩，其香可傳運至異境。《法句經》

婆媳不和是個古老的問題。近來為人妻者的地位強化了，過去婆婆虐待媳婦的情形已大有逆轉，媳婦虐待婆婆的事例反而時有所聞。

有一天，有友人的太太在廚房做菜，婆婆進去嚐了一口，讚美說：「這道菜味道真好！」未料這位太太竟勃然大怒：「哼，妳要我做得更好是不可能的。」婆婆的一番美意，竟然遭到媳婦解釋為「其他的菜都做不好，只有這道菜做得好」，真是冤枉。

父母犧牲自己將子女養育成人，即使他們不要求回報，但身為子女者仍應感念其恩惠，孝養邁入老年的父母。《父母恩重經》裡謂：

「哀哀父母，生我劬勞，欲報此恩，昊天罔極。」

即在醒示我們這一點，無奈今日，一般子女長大結婚後，隨即離開父母另組小家庭。

老境之落寞非筆墨所可形容，在《父母恩重經》裡亦云：

「父母年邁力衰，以子為寄，子則有賴媳婦。早晚宜體貼問安。無論母死留下父，或父死留下母，其皆須獨守空房，形如隻身旅行就寢般，既無恩愛之情，復無談笑之樂。夜半冷寒身不安，至破曉輾轉難眠，此時兒媳應表明『父親，我為您捶背』或『母親，我為您揉腰』等。父母聞此言語，必欣喜而淚。」

以上字字都在強調子女對父母負有敬孝之責。

遺憾的是當前的女子一旦升格為主婦，地位強化後，常有意漠視丈夫和公婆的需求，遑論是悉心照顧，因此，性格較柔弱的丈夫只得暗自悲嘆。

無怪乎《父母恩重經》中要慨嘆：

「長大成人後，昂聲、怒氣，不從父言，對母之言含瞋。既娶婦妻後，違背父母如無恩情之人，嫌憎兄弟如懷恨者，妻族前來，則升堂饗應，入堂歡晤。嗚呼！眾生顛倒，竟然親者疏，而疏者親。」

雖然這種情形未必發生在每個家庭，但卻隨處可見。

在中國佛典《從容錄》（六十五）中，有則婆媳不和的故事，頗值得因此而苦惱的人參考。

曾有一人前往詢問禪僧首山：「何謂佛？」首山含笑回答：「新娘騎驢，阿家牽繩。」

「阿家」就是婆婆，當新娘騎著驢馬，婆婆仍為她牽攬繮繩時，這位婆婆就是佛。在這一幅和藹慈祥的景緻裡，身為婆婆的寬宏大量，頗能牽動我們的佛心。凡人很難達到這種境地，可是個性軟弱的丈夫或婆婆們卻不妨見賢思齊。

41 給不孝的人

孝養父母為百行之本。生時以孝養為先，回報養育之力。死後以追孝為本，致力報恩。《大方便佛．報恩經》

在過去，老人是知識和體驗的先覺者、地位和財產的所有者，以及所有後進的指導者。但近代的生活樣式變化多端，不能趕上時代步伐的老人，往往堅持舊有的生活模式，給予年輕人莫大壓力，因而輒遭反駁，成為礙手礙腳的人。

現在經濟高度成長，生活水準亦相對提高，老人福利業已改善，平均壽命也逐漸延長，老人的死亡率慢慢降低。整個社會已轉移為高齡化社會。他方面，核心家族化已是時代潮流，年輕人建立家庭後，便將老人置於社會的一隅。在此種異常狀態中，即使老人在經濟上無虞匱乏，然而在精神卻備覺索然。

「姥捨山」是日本自古相傳的故事，內容如下：兒子背著失去工作能力的老母上山，想將她丟棄。沿途，他不斷聽到樹枝折斷的聲音。

「母親一定想在被拋棄之後下山返家，所以才不停地折斷樹枝作標記。」因此兒子更深入地進到山裡，抵達目的地後，他把老母放到地上，說：「唔，我要走了。」

此時老母柔聲交代他最後一句話：

「剛才我們上山時，我擔心你回程會迷路，所以，替你折了樹枝作標記，你就循著標記下山吧！」

兒子聽完這番話，頓時為老母的慈悲心所撼動，而醒悟到自己的不孝之罪，於是又背負著老母返家，此後便盡心孝養她。

日本文豪吉川英治二十歲時，雙親相繼過世，他帶著幼弟又遭逢失業，過著朝不保夕的日子。於是他就按著報紙上的徵人啟事去求職。

主考人問他：「你信仰什麼宗教？」

他：「我不信教。」立刻便遭到拒絕。

後來他表示：「雖然我不祭祀神佛，但我心中有我母親。有母親在心中就不能為惡。雖然家母在世時劬勞至極，沒有享受到什麼喜樂；但我發誓所作所為絕不能讓慈悲養育我的母親悲傷。我現在做任何事，都會考慮到是否能使母親欣悅。」

石川啄木也曾寫過如下的辭句：「僅僅為了玩笑而背起母親，但她的輕弱令我泣淚，竟連三步都走不動。」這真是孝子之情的自然流露。

缺乏孝心的人不妨想像自己成為老人時的景象。被成年的子女冷落，無人可依靠或傾訴心事，落寞地過日，這種生活有多少人能忍受呢？

42 給失去最愛者的人

凡生者必然會死。世上無可取代的大師，如來、正覺者已然逝矣。《大般涅槃經》

不管喜歡與否，死都會突然來臨。日本江戶時代的一休禪師說：

「生者必然會死，釋迦、達摩亦然。」

凡人總愚蠢地以為可和最心愛的人長相廝守，故一旦猝然面臨其死亡，即傷痛得無以復加。即使是親受釋迦薰陶的徒弟們，亦不例外。

當大師釋迦以八十二歲高齡，欲往維薩里街上托缽時，登上了山丘，就對身畔的徒弟阿難說：「我想眺望這個街市，這是最後一次了。」

不過，大家對這話都不引以為意，一行人來到帕維村，進入芒果樹茂密的林園時，得到鍛冶工毘陀的食物供養，未幾，大師便因食物而中毒了。可是釋迦拖著病體，一直和徒弟們共同來到拘尸那城的街上，才開口說：「阿難，我好疲倦，想躺下來。幫我在娑羅樹下鋪床吧！」然後頭朝北方橫臥下來。

這時阿難才感知大師就快死了，他走開去，獨自哭泣：「我們從師父那兒獲益良多，而今他竟要遠去了。」

釋迦發現阿難不在身邊，就將哭腫了雙眼的他喚到床邊，說：

「阿難，別悲傷，別哭泣，我常教你們，所有相愛的人終須一別。生者必然會滅亡。阿難，你長期服侍我，我由衷感謝。期望你能更精進，達成所期待的目的。阿難，你們之中或許有人會想『我們師父的話已經結束了，我們的師父已經不在了』，阿難，像這樣的想法是不對的。我的肉體雖死滅了，但我的教示卻永遠是活的。所以，見我肉體者並未見到我，唯有曉知我的教示的人才能見到我。我離去後，我曾說與你們的教示和戒諭，就成為你們的師父。好好記牢那些話吧！就把它們當作你們的師父。」

在徒弟們肅然的沈默中，釋迦繼續說話：「嗯，徒弟們，我要告訴你們。這人世是無常的。業精於勤而荒於嬉，這是我最終的話。」然後輕輕閉上眼睛。

隨侍的徒弟們的哀惜之情難以自禁，有人慟哭，有人號泣，可能因此天地亦為之變色，因為在《天台大師和讚》中，有「於其時，風雲交加，草木掩垂水嗚咽」的記載。

長期和我們共同生活、照顧我們的人一旦先我們而去，確實令人心碎。人人都渴望能和心愛的人共長久，然而無常的世界卻總冷酷地將人心撕裂。我之能有今日，亦得助於許多有名無名的方家的薰冶，而令我最難釋懷的是，無以回報他們的宏恩厚惠。

據《般泥洹經》記載，釋迦生前曾對徒弟們說：「未實行我的教誨者，雖陪伴我身邊，卻不曾見到我，而遠遠離開我。但實行我的教示者，即使遠離我，卻與我同在。」

只要能與最愛者心心相通，他便永遠活在我們心目中。

第三章　開創生存的意義

43 給沽名釣譽的人

芭蕉葉和竹葉，因結實生果而損毀；駑馬因產子而死，惡人因聲名而失。《雜阿含經》

凡人都因「渴望領更高薪」或「能及早出人頭地」而奮力邁進，可是在現實上，卻常受實力限制或受人脈關係良好者的掣肘，終其一生未能大展長才。

然而有位禪學大家澤木與道師卻曾淡漠地說：「終我一生，我都在努力避免獲致成功。」對處心積慮想揚名立萬、功成名就的人而言，這毋寧是當頭棒喝，道師又接著說：

「人生並不以持有金錢為幸福。其實，生為富人，只不過是管錢的人罷了，他們未必能自由使用金錢。此外，當總統或行政院長也沒啥了不起，作為陸軍上將，胸前掛滿勳章，亦猶如頸項間繫著鈴鐺的貓。獲得勳章，未必代表偉大，名譽和金錢並不是人生的最終價值。最幸福的人生，就在於為人奉獻，為他人奉獻一生的人，最是尊貴……」

有位沒有名氣的女歌手。她為了竄紅，不擇手段，連房屋都抵押了放手一搏。

可悲的是，她缺乏歌唱實力，無法唱紅曲子。更甚者她周遭諂媚阿諛的人環繞，使她誤信自己真有可能成為一流歌手。

能在演藝圈脫穎而出的藝人，除靠個人的努力和實力外，還有賴良好的時運。因此，成功者少之又少，而即使是這一小部分的人，演藝壽命亦極為短暫。

此外，迄今志願投入演藝生涯者多如過江之鯽，但他們多半是在底層掙扎苦鬥多時後無功而退。

像這樣，凡追求虛名者，等待著他的必是一片空。

古希臘哲學家艾皮科蒂塔（Epictetus）曾一語道破地說：「凡愛慕金錢、快樂或名譽的人，不懂得愛人。」

森鷗亦曾在其著作《興津彌五右衛門》中，提出嚴厲警示：「總以功利念頭看待物，則這世界將無尊貴之物。」

僅基於自我本位而奔波者，反會毀於自己本身。

釋迦在《四十二章經》（十九）中也說：「隨人之情慾而求華名，可譬為燒香，眾人聞其香，而香卻自薰自燒。愚者貪流俗之名譽，不守道真。華名陷己入危禍，其悔在後時。」

在《譬喻經》裡，有如下一則故事：

從前，曾有一名男子娶了四個妻子，他臨終時渴望帶個妻子陪伴。他叫來最心愛的第一個妻子，她冷酷地斷然拒絕：「我才不跟你去哩！」他又喚來第二個妻子，想有賴於她。結果得到的回答是：「我也不跟你同行！」第三個妻子則說：「我頂多能到你的墓前參拜，至於那個世界，我才不去哪！」最後這男子不得不央求平常以下女看待的第四個妻子，出人意表地她竟答稱：「好，我樂意和你同往，假若那是在無間地獄之火中，我終世都不離開你。」她同意共赴黃泉。

本故事中的第一個妻子，代表我們的肉體，這為我們所最珍愛的自己的身體，根本不可能帶到另一個世界。

第二個妻子比喻財產、地位、名譽、權力，意指凡拚命追求，甚至以陷害他人為手段所獲得者，也無法帶到另一個世界。

第三個妻子是指實際上的妻子，無論愛她多深，她也不可能同赴另一個世界。

至於第四個妻子，就是我們日夜所作的善業和惡業，這一切會隨伴我們到另一世界，永不離開。

我們經常在贏得些許名聲後，就以為那虛名是屬於自己的而得意洋洋，這非但不能提升，反會低落我們的人品。

有位友人作家在尚未成名之前，常來懇求我介紹他寫作或演講的機會，並且絲毫不計較酬勞。但略微發跡後，便一改原有姿態，只要有人請他演講，即厚顏地需索酬勞，否則便斷然拒絕。他說起話來確實口若懸河，長得又頗富魅力，因此儼然一副教主模樣，卻不察他的演說內容常是華而不實。

此外，他的夫人也仗勢著丈夫的虛名而有恃無恐、傲慢自大。有時我真想問問他，他是托誰的福而聞名的？

曾經拒絕接受諾貝爾文學獎的蘇聯作家巴斯特納克說：「創造的目的在於獻身，而不在於贏取好評或成功。相信他人的讚美，是最恥辱的事。」此話頗值得我們深思。

44 給生活乏味的人

菩薩修眾行不懈，能制伏勇猛之勢力，滿足一切智門。《華嚴經》

某日，一位女學生前來訴怨：「我覺得每天都過得很沒意思，忙忙碌碌地，不是聽課，就是寫習題或考試，聽說一生中最歡樂的莫過於青春時代，但我總感到每天的生活都很繁瑣、很虛偽、很沒有意義。放眼看看別人，他們似乎都很快活，我真羨慕，也很氣自己、討厭自己。請教導我如何才能過更充實的生活？」

我回答：「事實上並不是只有妳煩惱或不安。只要生為人，便無法擺脫這問題，別太介意吧！」

她又追問：「那到底我該怎麼辦呢？」

坦白說，我也沒有妙方可解除這女生的困擾。因此，我反問她曾否經驗真正的痛苦，或曾否認真投入於有意義的工作。她表示沒有。我又問她曾否體驗感動或感激的事。她也說沒有。

根據她的想法，生存的喜悅和充實感，是毋需努力而自然可得的。

既然如此，我就無言以對了。她的困擾實在很無趣，可是仍得給予一番開導才行。我想，她一定深盼我的安慰和鼓勵，所以才說：

「這麼看來，妳沒有必要在苦惱中打轉，何不去找些自己喜歡的事做做看？不要期待結果或效果，只要去做妳喜歡做的事就好。如這中間能使妳獲益，當然再好不過；如仍覺空虛無聊，到時再來談談吧！」

舉目周遭，不乏佯裝無可做之事而抱持幸福乃天賜的態度的人。這種人只知抱怨人生無味、無趣，實在可悲。

由小哈瑪斯坦因寫詩的電影《真善美》中，有首名為「攀登每一座高山」的歌，歌詞如下：

攀登每一座高山，
踏經高處和低處，
走向一切道路，
不錯過每一條小徑。
攀登每一座高山，
渡過每一條河流，
追尋每一道彩虹，
使你的夢想成真。
夢需要你賦與所有的愛情，
在你有限的生命，你的每個日子裡，
去攀登每一座高山，

渡過每一條河流，
追尋每一道彩虹，
直到你的夢想成真。

讓自己致力於所喜愛的工作，為工作勇往邁進，並以此為樂，自然能消除空虛，品味人生的充實感。俄國作家高爾基在《深淵》一書中說：「以工作為樂，人生即樂園；以工作為義務，人生即地獄。」可見即早掌握自己喜歡從事的工作，是營運有意義的生活的先決條件。

45 給不知如何用功的人

循經解義，閱教知蹤。明眾器一金，體萬物為自己。不辨邪正，無分真偽。未入此門，權且見跡。《廓庵・十牛圖・見跡》

禪書《十牛圖》，是由十張牧童圖所構成，乃依序將臨濟禪的修行階段加以說明，描寫迷失了牛（自己的真實心）的牧童尋覓牛隻的故事。十張圖分別表示修行的深淺過程，並各附有標題。

前述經文是第二「見跡」的解說文，是陳示尋獲牛的足跡，請求師父教示，閱讀佛典而理解的階段。

其中意蘊是：無論閱讀多少書籍、探研多少學問，若只追尋華飾的文字，並無啥用處；欲接觸其真意，必須捐棄成見，將自己深入於其中，融和成一體。

當前的教育非常興盛，大家都忙於作功課，但聽說許多學生都是在父母、師長及同學的督促下，以及強烈競爭心驅使下而勉強用功，實際上並未甚解求學的目的。就提高升學率及降低文盲率的立場言，當然鼓勵大家努力用功。然而若就所學能否化為自己的骨肉並派上用場的立場而言，此種情形頗堪質疑。

最近以升學領導教學的填鴨式教育，教出了很多善於背誦、記憶和考試的學生。無怪乎學了幾年外文，一畢業即全數置諸腦後，完全不能學以致用。

試對現在的孩子說：「你仔細觀察這朵花。」他當然會看看花的顏色、形狀，數數它的花瓣或葉子；但若該朵花是他業已知道的波斯菊，他立刻會失去興致。這種孩子為數甚多。

猶如芭蕉和尚的俳句「仔細觀察籬笆，才知開了薺花」般，任何花都有其特有的色澤之美、或形狀的微妙。但大多數人都只能一式地理解其外觀。

當一個人懷有成見時。便會對事事物物使用既有的或先人為主的概念，而忘了探究真相。事實上，以既有概念所解釋的事物，與各該事物的真實相去甚遠。

在英語中「理解、領悟」的動詞是「Understand」，其實本字是由「stand under」兩字所和成。即指「設身處地」之意，可見我們看待事物，絕不可偏執自己的立場。

日本文化勳章得獎人數學家廣中平祐曾經說：

「欲解答數學問題，最重要的條件是自己本身要融入問題之中。唯有與之融和，才能找到解題的線索，掌握其法則。」

同理，作功課的方法亦如前述，需能融入於所用功的對象中，與之合為一體，才能徹底理解其真相。若不深入其門內，所掌握到的絕不是它的真意，而只是它的空殼。

46 給忙碌不堪的人

人活動過激，未覺日夜，其生命之漸漸減去，如風中殘燭。
《善導・往生禮讚・日沒無常偈》

常聽人說「最近忙得不可開交」，各位讀者你如何呢？我們的物質生活的確不處匱乏，可是大多數人卻常訴怨雜事纏身，忙得不可開交。

在日本，曾有一則關於交通安全的口號是「狹窄的日本，你趕著往何處去？」很能引發我們的省思。很多上班族和學生莫不每天是囫圇吞下早餐後，便趕著上路，搶黃燈、闖紅燈，整天馬不停蹄地工作、上課，晚上返家後，也是匆匆吃下晚餐，然後就坐到電視機前。若偶遇友人，寒暄時被問及：

「最近好嗎？」回答幾乎是千篇一律：

「噢！忙得很，簡直喘不過氣來。」好像忙碌是值得誇耀的事。

我常盼望不要太忙，可是總不能如願，每天都好似在賽跑。一會兒有訪客，一會兒電話鈴響或推銷員、收費員上門，有時又得出席會議等，想拒絕都不行。如強行拒絕，動輒招來「他怎麼怪里怪氣的，人際關係太差了」之類的惡評；但如逐一加以應付，勢必得犧牲一些喜歡從事的工作。為使兩方面不致於盡失，我只好自我調適，犧牲一定程度的家居生活；可是仍忙得暈頭轉向。

仔細想來，隨著交際範圍和工作量的增加，我們普通都是機械地、非人性地進行交際或處理事物，之所以如此，實應大部分歸咎於自身的態度。因為我們總不敢斷然表明拒絕的態度。但一味敷衍應付，究竟有何利於事物的順利運作呢？

中國淨土教之大成者善導，生於距今一千三百年前，當時的中國久經五胡十六國的戰亂分裂，興亡無常，大義泯滅，各種思想輩出，人們的信仰流離。善導注視著搖擺飄盪的人群，多方思索解救的方法，終於醒悟唯一的良策就是專修念佛。他將這份喜悅寫成頌歌「往生禮讚」，「日沒無常偈」即為其中一節。

善導不僅悲嘆現世的無常，同時也對現世裡迷惑的人指示出正道。此即所謂「二河白道之比喻」。

昔時，有個旅人往西行經廣闊的原野時，眼前出現一條大河，他俯首下看，只見無底深淵。河的南側熾燃著火燄，北側是一汪水。其間有寬四、五寸的細長白道可達西岸。正當他束手無策地站在那兒時，背後又襲來很多群賊和惡獸。

旅人十分恐懼地想：

「此刻，我退後必然會死。停在這兒或往前行，也必然會死。如何是好？」

此時從東岸傳來一個聲音：「你只要選擇那條白道，便不致有死難。可是如你停下來，必定會死。」

從西岸也傳來一個聲音：「你只要一心正念，別害怕，我保護你，你絕不致陷入水火中的。」

旅人想往白道挺進，但背後的群賊惡獸又勸他：「走那條道路太危險了，快回來。」

然而旅人不疑，仍一心渡過白道，未幾終於抵達西岸，而得以死裡逃生。

此處所說的東岸，是指煩惱繁多的世界，西岸則是極樂世界，群賊惡獸是我們的感覺作用，水之河是貪，火之河是瞋與憎，白道則比喻我們的誠心。東岸的聲音出自釋迦，西岸的聲音出自阿彌陀佛，其世界係指遠離了迷妄的悟境。

這「二河白道之比喻」教示我們，不要被異學異見所迷惑，而應排除偏見獨斷，窮究宇宙自然的道理，以全副心力去從事應做的工作。「永遠的生命，就是當下奮力去做立足點上的工作」，每日的生活無論何等忙碌，都不可偏離正道。唯有選擇自己應做的工作。並誠心誠意去做，人才得以獲救。

47 給做事無勁的人

欲自人手得物，已得或未得何者為優？源空（即法然和尚）謂，宜以業已得到的心地念佛。《法然．和語燈錄》

許多人常覺得做任何事都不如意，無論工作至何種程度，都覺得欠缺實感和確定。而事後又懊恨不能出類拔萃。

因此，他們習慣上對當前的工作加以敷衍應付，然後又自責沒出息或自暴自棄。

事實上，人人皆有美好的一面，遺憾的是他本人可能不察，或他人未予肯定，因而平白糟蹋了那天賜的優點。如周遭有這種人，實應好好激勵他不要妄自菲薄。

日本淨土宗的開祖法然，有一天被稱為高野念佛聖的明遍僧都詢問：

「末代惡世的我們，是帶著諸種罪濁的凡夫，如何才能解脫生死之苦呢？」

法然答稱：「唸南無阿彌陀佛，期待極樂即可。」

也就是只要唸佛，人人都可獲救。可是明遍對這樣的答覆並不滿足，又問：

「雖說唸佛，但心若散逸，如何是好？」

法然答：「這就不是源空（法然）所能回答的了。但不管如何，你只要認為，唸了經就可憑佛的願力得以往生就好了。」又說：「總之，最重要的是唸佛。」

明遍滿意地說：「對，對，這就是了，我已經了解。」

這對白以現代立場解釋，即「無法解救的沒出息的人業已獲救了，別再拘泥於這問題，專心一致去做份內的事即可」。

美國心理學者威廉・詹姆士說：「沒有自信並無所謂，但卻應抱持自信的態度。如此，在不知不覺中即會產生自信。」此即意指萬勿因缺乏自信而膽怯，只要抱著凡事盡其在我，成事在天的態度，必能突破困境開創新局。

被譽為最具智慧的法然坊的法然，在比叡山修行後，長達十數年間潛居黑谷的報恩藏，幾乎足不出戶地將好幾千卷《一切經》反覆閱讀了五遍，但仍找不出能讓自己接受的道。後來他「悲呼悲呼入經藏，哀呼哀呼朝聖教，復翻閱經典，見善導和尚觀經疏中謂『一心專唸彌陀名號，住行坐臥不問時節久近，唸唸不捨者，是正定之業。故順彼佛願』始覺如我等無智之身，僅需仰賴此文，專依此理，修唸唸不捨之稱名，即備決定往生之業因。」

遂放棄以往一味想仰賴知識理解佛教的念頭，全心全意修唸佛之行。

這和耶穌基督所謂「你們祈求就給你們。尋找，就尋見。叩門，就給你們開門」具有相同的意味，即莫因欠缺自信而耿耿於懷，無論如何，只有付諸施行即可得救。

做任何事都不帶勁或覺得不滿的人，可能是本人的自我意識過高或急功好名所致。古詩云：「做，即成功；不做，萬事不成。」可見只要心無旁鶩地投入工作中，則無論工作至何程度，都會湧起無限的確定感和充實感。

現代人常想藉頭腦了解知識，卻忘了使用身體，所以極易鑽入牛角尖，而一無所得，產生強烈的不安。

48 給心靈不自在的人

凡想跨躍一丈溝渠者，應擬想跨躍一丈五尺者去奮鬥。凡期待往生者，宜懷堅定信念相勵。《法然！勅修御傳》

人的心理很微妙，原擬工作一小時，實際上的確做了一小時；和原擬工作一小時半，而實際上只做了一小時，在情緒上的感覺相去很遠。

就後者來說，一般人會覺剩餘的三十分鐘是撿來的，所以心理寬鬆平靜。此種心理是舉世皆然的，故耶穌亦曾說：

「有人強逼你走一哩路，你就同他走二哩。」

此話適用於許多場合，例如，一人擁有十分實力，卻只發揮七分；和只有七分實力，卻發耗十分力氣，其景況確有雲泥之別。總是擁有實力和餘力，個人在心理上當然輕鬆自在，周遭的人當然也能感同身受那分「綽綽有餘」。

一位田徑場上的選手，一千五百公尺中距離的跑者，但他練習時經常以三千公尺為目標。因此實際比賽時，他總能臉不紅氣不喘地跑完全程，迭創佳績。

法然亦有過類似的指示，他說：「盼望往生淨土的人，不要迷妄於能否達到目的，只要確信自己必能往生地唸佛，則必可往生。」

所以他主張：「以業已得到（往生）的心地唸佛即可。」

我們可舉很多實例證明「心想事成」。例如，日本大西洋橫斷海底電線的敷設計劃，最初被評為過於草率，不可能達成，但科學家C·W·斐爾特（Field）卻高喊「我一定能辦到！」而確實將它峻工了。

另外，青年杜雷西·班恩斯欲乘汽球橫越美洲大陸之初，亦被譏為不可能，可是他確信「我一定能做到！」終能如願以償。

他們都是根據「不是做不到，只是不想做」的信念，腳踏實地的精研方法，而得以實現初衷。當然，這些被評為草率空洞的計劃並非一舉能實現。可是即使遭遇挫折和失敗，只要不畏困難，終有成功之日。

著名的美國撰述家艾利克·謝巴雷特，每逢要撰述大部頭的著作時，一想到其全貌便頭痛不已。所以他向來不顧慮及後頭的章節，而只盡力著眼於當前的篇章，在六個月期間，他專注地逐節寫就，不知不覺間大功已然告成。

哲學家谷川徹三有句非常獨到的名言：「理想要高，態勢要低。」正足以啟示我們，理想多高都無所謂，設若無力實現它，不妨認定它原就太難了，如此便無須耿耿於懷了。不過，一旦設立遠大的理想後，最重要的是由近處一步步踏實地去接近它。

49 給缺乏恆心的人

汝等比丘，若不勤精進，則事難。故汝等比丘，應勤精進，如小水常流，滴水可穿石。《遺教經》

世上許多人做事總缺乏耐心，隨時想放棄；或稍覺無趣，便想跳槽換工作。他們對事物不能專心一致，信念飄盪搖擺，無法貫徹到底。

對於務須完成的工作，若偶然遭遇困難或覺過於艱辛，便萌生放棄的念頭，不但給他人帶來困擾，也會失信於人。故應立誓「謹守諾言」，除非有特別事故，否則即應對自己的初衷負責。

美國企業雜誌《系統》曾經刊載了「什麼樣的人是公司所必要的？」的問卷調

查，結果以具備下述性格居首位。

一、依約行事的人。

二、意志堅定如磐石，不致因瑣事而浮躁的人。

三、對任何問題擁有主見的人。

四、無論大小事件，都一樣認真對應的人。

五、放眼社會和人類，不為己謀的人。

六、能機敏掌握機會的人。

七、具有勇氣和決斷力的人。

八、在人群中不致喪失自己特性的人。

九、不以工作卑微為苦的人。

十、即使失敗，亦不會失望沮喪的人。

相反地，對於「什麼樣的人是公司所不歡迎的？」的問卷調查，所得到的回答如下。

一、光說不練的人。

二、自尊心過強，和環境氣氛格格不入的人。

三、對任何問題都堅持己見的人。
四、無法分辨事情的輕重緩急的人。
五、經常口出狂言的人。
六、只著重細部，未能掌握大局的人。
七、欠缺慎重、鹵莽衝動的人。
八、缺乏協調融和精神的獨善人。
九、不以盡本分為榮的人。
十、缺乏責任感、粗枝大葉的人。

像這類只追求己利的人，就長遠看來，絕難在商業界揚名立萬。當然，這道理也適用於任何業界和場合。

日本東大教授中根千枝女士在和國際英文雜誌《新聞週刊》東京分社社長勃納·庫利夏的對談中，曾經說：「日本人沒有主義信條。」亦即只要狀況變化，日本人的意見也會隨著變化。

其實並不僅日本人如此，凡對自己的言行缺乏信念，必然行事見風轉舵、敷衍塞責，終至於信譽破產。

這些人多半在一開始時鬥志高昂，只是不能持續，稍有風吹草動，即訴怨「太痛苦啦」、「做不下去了」、「非換個辦法不可」。這就顯示當初的決心下得不夠深，並不是做不到，而是不想做。

道元禪師在《學道用心集》的結語中勸戒我們：「半途得始，未可全途辭退。」亦即從事任何工作，一直到它上了軌道為止，務必全神貫徹，至於能否成功則只能聽天由命。

同樣地，道元也在《正法眼藏隨聞記》中說：「深切思索必能得。」只要有心，世事何難之有?猶如掘井，務必深掘至水噴湧而出，方能止歇。

50 給理頭備考的人

如摑茅草滑手，其手必傷般；求道失誤，其人必破滅。《法句經》

一般高中、大學的升學考試都採筆試，但社會上的就業考試卻普遍著重面談。公司晉用人才，不僅考慮學歷，還得參酌性格、性向、處事態度、健康等綜合性的評價。

實際社會畢竟不同於學校，重視實踐力遠甚於學歷，所以十分追究人才的：一、意願；二、學力；三、明朗活潑；四、協調性；五、健康。即使出身一流學府，但若缺乏足以通過激烈的企業競爭的能力和魄力，依舊不能適存於實際社會。不僅在企業如此，於其他一切社會機構裡亦然。

反過來看看身心健康皆受要求的年輕人又如何呢？他們擠入一流學府，從早到晚埋頭苦讀，雖掌握了課業的要點和應試的要領，卻缺少積極的活生生的魄力和衝勁，而且對一般常識也所知有限，無怪乎許多人會質疑教育的用處。

學生的行動範圍大抵限於學校和家庭，其社會接觸相當狹窄。這項缺點唯賴課後的課外活動，以及和朋友、家人的對話來彌補。

不幸的是，生存於今日慘烈考試戰爭中的孩子們，通常只在學校或補習班接受備考技術，在家庭裡即受到百般寵溺，因而養成了任性傲慢的脾性。在考試的大前提下，他們淡薄和朋友間的往來，對家人頤指氣使，成了最霸道的人。

這一切自然不能全部怪罪於孩子。當前國內的社會結構及父母和教育界的態度等，都難辭其咎。不過，作為一名高中或大學的應考生，就年齡而言應已具備獨立思考的能力，了解自己應該走的道路，所以理應清楚，中學或大學是求學的地方，而不是考試的補習學校。在填鴨式教育下練就一身考試功夫，卻不能獨立思考，不適生活的人，一旦畢業踏入社會後，就只能如萬年考生般，只會做分派下來的工作，而毫無主張見地。

近來，在大學生階層裡就不乏這種欠缺積極意識的人。當然，要求正接受小、中學義務教育的孩子們能主動、有創見，未免過於嚴酷；可是不僅高中生，甚至連攻讀專門學問的大學生們也如此被動、缺乏一貫的思想體系，就令人不得不浩嘆了。這些年輕人都是為了修習專門知識而應考上榜、入學，可是他們除了熱衷考試外，對親人、朋友和社會都漠不關心，日久終變成了消極的族群。

使學生廣泛了解人生、學習事物的思考方法，是從義務教育，乃至高中教育和大學教育的一貫教育本質。

學生不但應接觸古今中外的文化和遺產，也應視周遭的友人、教師和父母等，為人生的鏡子；還得依四季變化認知大自然，學習尊重生命；外出街衢鬧市，觀察人類社會的種種縮圖。

類似這樣活生生的學問，正是日常躲在教科書堆裡，或坐在電視機前的置身狹窄世界裡的孩子們所必需的。

通常年輕人用功讀書、接受考試，都是為了躋身一流的公司就職。但實際上追求學問，應該是為探索自己人生的方向，激發自己的潛能，以接受高等教育為前提的義務教育，其標的是如此；而為探究專門知識的大學，其標的亦同。無奈年輕人於其中只熱心於磨練考試技巧，卻將自己的可能性封閉了。殊不知這正是真摯掌握事物，汲取一切知識的重要時期。

踏入實際社會以後的人生是豐裕或貧瘠，關鍵即在此時期的人格形成和知識的累積。年輕人應盡可能避免在學校、補習班和家庭的所謂魔鬼三角地帶迷失自己，以免踏入實際社會後，成為意願低落、幹勁不足的人。趁此求學階段，盡量去發揮自己的潛能吧！

50 給缺乏創意的人

兀兀坐定，思慮不思量底。思量不思量底。非思量，乃坐禪要術。

《道元．普勸坐禪儀》

常常，我們左思右想，就是想不出一個新穎的點子。此時何妨放棄思考，使頭腦獲得充分休息。

日本的大宰治曾說：「悲傷時，試著和一碗麵挑戰吧！」頭腦在僵滯狀態時，往往可藉生理上的滿足緩和下來，從而獲得新的能量。

禪曰：「放下看！」意指放棄以往自己常識性的思考，進入無心境界，仔細觀察世間的自然萬象，必會打開不同角度的視野，呈現新的世界觀。

所謂不思量底，係指稱我們透過自己的有色眼鏡所見、所判斷之前的自然狀態，而我們應整體融入於其中。欲達此境地，宜先閉目、除雜念，集中精神凝視自己所想構思的事物。

佛像雕刻師運慶，總在無念無想中凝視行將雕刻的木材，終能在自然而然中見到應行雕成的佛像。於是便按所見去除不必要的部分，而獲得渾然天成的佛像。

「閉目則見，張目則失」，盲人正是因為眼睛看不見，才得以集中精神，敏感地感知連明眼人都見不到的事物，當我們閉起眼睛，眼簾裡立即會展開廣闊的世界，我們便能於其中作種種思維。

很多藝術家、發明家、企業家和學者，都是在閉目時獲得靈感的。為什麼呢？據說人類眼睛的視角約一百五、六十度，但正確對準焦距的僅約五度左右，然由於眼睛的振動，故能有一百五、六十度的視界。

若我們僅凝視一點，其他的東西便會被排除在外；如想見到林林總總的東西，勢須東張西望。

唯此時心無法落實，飄飄忽忽的結果，反而什麼東西都見不著。

可見，光是張著眼睛並不能掌握物的實體，更遑論是看眼睛看不見的事物了——唯有閉目才能做到這點。這在佛教裡就稱為「觀」。

所謂「觀」，即動員我們的五種感情感官，即目見、耳聞、鼻嗅、舌味、肌觸等，有時也要發揮第六感，以全身全靈來掌握的實體的方法。

「非思量」意指觀無形態者，若未能習得此法，便難期掌握物的實體，湧現新的創意。

比如此處有十塊錢銅板。由上俯看，它是圓形的；但從側面看，它是長方形的。那麼，十元銅板可說是圓形的，也可說是長方形的。

此種觀察法看似矛盾，類推到觀看事物時，情形亦然，我們唯有捨棄固有的角度，不為形態所拘束，才可能了知事物的實相。

凡堅持主張十元銅板是長方的人，都是心胸太狹窄，以為自己的看法是唯一的絕對所造成的。如能視其「既是圓形，也是長方形」，便掌握了非思量的三昧。

52 給自作聰明的人

自思心得，實未心得，自思不曾心得，實己心得。
《蓮如・御一代記聞書》

誇稱「宇宙和人類是什麼？」之類宏觀的問題，以及自單細胞動物的草履蟲乃至原子核之類微觀的問題，都瞭如指掌的人，其實所知極其有限。因為物的實體愈研究愈有曚矓不明之處，而愈謙虛的學者愈不敢篤定地說「我知道」，他們總認為自己的研究未臻成熟。

例如，阿基米德幾何學裡有「二點間的最短距離是直線」的定義，可是觀看平面地圖上飛機或船的航線即知，航線以曲線為最短距離，直線反而會拉長距離，因為地球是圓的。

故唯有在前提是實測面為平面時，阿基米德幾何學的定義才能成立，至於在球面的情形下，該定義即不成立。

「支柱是用以支撐天花板」這個定義的情形亦同。站在平面體的天花板之立方體建築物前提下，支柱和天花板一眼即可明確加以區別；可是若建築物是拱形式，支柱和天花板的構造及材料又相同，即非常難以辨識哪部分是天花板，哪部分是支柱。因此，境界絕非人們可任意決定的，大自然就是沒有境界的。如飛越國境凌空翱翔的候鳥、魚、蟲、草木等，也都沒有國境之分。

而所謂的定義，常是大家為求方便所約定俗成的事項，例如，東西南北或上下左右等方向即屬之，其實地球上並無各該標記。

將虛像錯覺為實像，並盲目信其為實像的事例多不勝數。《大威德陀羅尼經》（第四）裡的愚人故事就深富代表性。

釋迦在舍衛國祇園精舍之際，有位愚人佇立大池岸邊，他往水面注視，赫然見到自己的投影，立刻大叫：「救命啊！」附近的人聽到聲音都跑過來，問：「發生了什麼事？」他回答：「我在池水裡快溺死了。」

「你說什麼？你快溺死了？但現在你不是好端端地站在這兒嗎？」於是眾人將他帶往池岸。他指著水面說：「你們瞧，我還是陷溺在水中呀！」眾人啼笑皆非地向他說：「那不是你，是你的影子。你瞧，我們的影子也映在水裡！」

只見他一本正經地說：「你們也快溺死了，救命呀！」他拚命呼叫，終於發狂而死。像這樣執意盲目相信錯誤的道理，終其一生都不能知曉世間的真實，實可謂枉走了一趟人生。

我們應該明究實像和虛像的差異，避免被虛像所迷惑，或愚蠢地將其錯覺為實像。據說愛因斯坦遭遇問題，在未確實理解之前，絕不輕率地下判斷。世上的賢人大抵都虛懷若谷、態度謙沖，作判斷之前務必深思熟慮。經常自以為聰明的人實應就此多加反省。

53 給沒有堅毅精神的人

比丘們，汝等應去遊行。為眾人利益、為世間慈悲、為人天利益安樂，遊行吧！惟切勿二人行一條路。《律大品》

釋迦三十五歲時，在印度奈藍遮那河邊開悟成佛（覺者），他躊躇了一段時間，不知是否應該將開悟的內容傳予眾人。因為他聽到內心的惡魔對他說，那一切都是他個人的煩惱，而由他本人加以克服了，因此，體驗的內容不宜公示大眾，而應私藏起來。

然而他那已然悟道的眼睛，看見千千萬萬的人都好似身體大部分沈陷池面之下的蓮一般，終生見不到陽光而在汙泥中呻吟。因此，他拒斥了不將個人體驗內容示眾的惡魔的誘惑，斷然對周遭的人宣稱：

「有耳朵的人聽著，甘露之門已經被敞開了，除去古老的信仰吧！」

然後在附近的鹿野苑首度向五位弟子傳述了上述的經文。由於這項傳道，佛教始而普及印度，終而遍及全世界。不過，傳道之路千辛萬苦，我們只要看看如下的故事，即可窺知一二。

昔時，釋迦的徒弟富樓那來到師父處，表明願赴國外傳道，釋迦想測驗他的心志，便說：

「那個國家的國民非常凶惡，你會被羞辱的。你甘願忍受嗎？」

他回答：「我無所謂。」

「他們用手或石頭擊打你，也無所謂嗎？」

「是的，無所謂。」

「被殺也無所謂嗎？」

「是的。」

因此，釋迦同意他：「好，你去吧！」

他欣喜地以決死之心赴海外弘法。

據傳第二次世界大戰前派遣到中國的美國耶穌教傳教士，也曾抱著殉教的犧牲精神前往傳教。有位傳教士在長達七年之間孤軍奮鬥，好不容易終於獲得一名中國人的受洗信教，而這位新教徒竟然就是他本人的傭人。像這樣的傳道之旅誠可謂嘔心瀝血。

據我所知，志願赴海外弘揚佛教，歷經千辛萬苦迄今仍實踐不輟的日本人，一為前往美國的嶋野榮道師，另一為赴法國的他的徒弟丸泰仙師。

嶋野師父一九六〇年在三島龍澤寺結束修行，帶著五美元和一尊釋迦牟尼佛，隻身前往夏威夷大學苦學四年後轉往紐約，住在友人的公寓，約半年期間一面靠吃罐頭麵包過活，一面傳佈禪。後來獲得美國富豪契斯坦・卡爾遜夫婦的信望，二年後的某日，他們突然對他說：

「既然你想傳佈禪，但沒有禪堂是辦不到的。我們非常賞識你，想為你在紐約建所禪堂。有關金錢的問題你別擔心。」

他們表示願意捐出巨資，唯一的條件是「不可將此事告知其他美國人」。

一九六八年九月正法寺終於完工，在落成典禮四天後，卡爾遜先生猝逝，其夫人表示「願意捐贈一百萬美元」。為不辜負死者的遺志，他們決定在美國立國二百年紀念日之前，於紐約州卡斯魯山脈的一隅起造大禪堂。

費時五年，終於克服萬難，建成大菩薩禪堂金剛寺，彼時光是白人徒弟就有二百人，其中五十人常年住在該寺修行。

值得一提的是，他的徒弟丸師一度是實業界的活躍人物。他師事澤木興道老師後，便發心潛修禪，於一九六五年出家隻身赴法國，以堅毅的行動力，租用巴黎貧民窟的倉庫開辦道場。

他盡力普及禪的結果，終於設立了「歐洲禪協會」，擁有十數萬會員，在歐洲各地共分設三十幾個禪道場。

大師在其所著《巴黎禪僧》的後記裡寫道：

「在歐洲，禪何以如此方興未艾？因為歐洲人發覺當今物質科學文明之所以陷於瓶頸，乃偏重智育所致。因此，他們開始著眼於放棄只憑藉頭腦的概念性世界，轉而以坐禪當作基本行動。」

日本的近代化，可說是學習歐美諸國的優異機械文明而完成，所以日本人常被譏評為善於模仿，然而此中實不乏想將日本的獨特精神文明，傳予歐美諸國人士，而懷著雄心壯志遠赴海外的日本人。

54 給怠惰成性的人

身為菩提樹，心為明鏡台。
時時勤拂拭，莫使惹塵埃。
《神秀．神秀禪師語錄》

鐵長久置放，會於不知不覺中生鏽。鏽是鐵、氧和水的化合物，這三種因素缺一不可。鐵所具的熱能，較地球表面安定狀態的熱能為大，為排除其間的落差，鐵遂和氧及水結合，以便保持安定。此即意指鐵本身並不安定，故如不時時加以磋磨，就無法保持原有狀態和色澤。

鐵會自然地生鏽，係世上一切有形態者隨著時間的經過，會絕對變化的「諸行無常」的結果；而未獲得水和氧的化合，鏽無法產生，這正顯示一切存在所依靠的是「諸法無我」，至於鐵生鏽腐蝕才得以安定，正說明了「涅槃寂靜」的道理。

佛教裡有所謂「諸行無常、諸法無我、涅槃寂靜」三個道理（三法印），意指存在世上的一切有形者，皆是順從此一法則。無論我們相信與否，這已成為宇宙生成發展的鐵則了。

當然，人類亦不能自外於此一鐵則。人的身心若不經常磨練，自然會如鐵之鏽蝕般，終歸於大地。不能持續努力，就好比夏天的雜草，割過之後又密密長出般，身心都將受到侵害。

《法句經》謂：「鏽雖由鐵而生，卻傷其鐵；不淨之行者，將因其業而導入惡處。」意指怠惰懶散的人，會因本身上所產生的鏽而加速滅亡。

也許有人會認為，無論我們如何努力，終會如鐵之生鏽般滅亡，所以努力亦是徒然。實際上，此種想法是錯誤的。

詩人飄水，寫過如下的詩句「陣雨淅瀝瀝，海女披蓑到海濱」，意指反正是裸體，海女應不畏雨水淋濕身體才對，但她們在陸地上，下雨時仍會穿上蓑衣。

詩人芭蕉也有著名的詩句：「蟬聲高亢，未曾顯露行將死的氣蘊。」描寫蟬蛻殼後四天，才能歡欣高歌，旋即在一、二星期內結束一生的情景。蟬的生命雖短暫，卻渾然不覺死之將至而放懷高歌。

無論是偉人或凡人，都難免一死。若認為遲早都會死，而放棄奮鬥，遊手好閒，便真的白活一遭了。日本歌舞伎藝人的前輩尾上菊五郎，臨終時還口口聲聲說：「還不夠，我仍要繼續舞蹈、舞蹈，舞到那個世界。」

我們真的應趁有生之年不斷地努力，攀登那永遠的高峰。

小提琴演奏家嚴本真理也說過：「一日不練習，其結果自己心知肚明；二日不練習，難逃批評家的耳朵；三日不練習，就唬不過聽眾了。」足見藝術之路的嚴苛，一日怠忽，便退步一日。

55 給對自己的收入和地位不滿的人

即使得之者少，亦不可輕忽其得。
《法句經》

這是個富裕豐饒的時代，然而人類的慾望卻了無止盡，想累積更多財富的人，莫不是賣命地工作。

人彼此間更以有利於己的立場，為贏得更適意的生活而你爭我奪，甚至學校教育亦隱隱然排比著升學一流學府的序列，令人錯覺如不朝此方向邁進，就會成為人生的落伍者，而在人前抬不起頭來。

類似這樣一元化的價值觀廣泛盛行在一般社會中，大家互比薪水高低、職業貴賤、階級高下，欽羨醫生、律師、高級官員等高所得的身分或地位，對於著重勞力又薪酬少的不起眼職業，則敬而遠之。

同樣是工作，若酬勞與他人相去過遠，工作意願勢必消沈不振。例如，年輕的單身女子傍晚才赴酒廊或土耳其浴室上班，卻月入數十萬元；而家庭主婦從早到晚忙得不可開交，卻分文未得。此種情形看似不公平，但人間的價值豈能純以所得來衡量呢？

不管所得多少，凡未經流汗而賺取者，必定耗散迅速。而恣意揮霍的結果，終會如「賤笑一毛錢的人，將為一毛錢而哭泣」般，遭到痛苦的結局。

當前的上班族由於對薪津不滿，常向資方抗爭（其中不乏因此遭革職或完全討不到便宜的不幸事例），其所持理由不外是「我的薪水比不上別人的」、「收入跟不上物價漲幅」等。

倘若真正無法靠目前的所得過活，餓死者一定陸續出現，暴動亦將頻頻發生。然而此種景況畢竟不曾見到，顯然要求加薪的訴求，並不是出於不能維持最起碼的生活。

孟加拉的達卡市，當地的孩童幾乎只有一件衣服可穿，也沒什麼玩具可玩，只在泥地上追逐嬉戲。比起來，本國的孩子們實在太幸福了。

我在單身時代，曾經戒酒、戒菸，並自行張羅三餐。過著極儉約的生活，所需折合現在的台幣亦不過五、六千元。而聽說目前的拘留所裡，一天三餐的伙食費是控制在六十九元，但仍可有營養均衡的菜餚。

當然，並不意指大家應過著戰時般的貧乏生活，而只是指出僅以如此少的金額即可充分度日這一事實。

對我們來說。擁有多少所得或財產並不重要，最重要的還在於有效活用它們，將金銀財寶貯放自宅的秘櫃或銀行裡，到頭來依舊不能帶往另一位世界，甚至反而可能種下後代子孫爭產奪財的因子。

俄國小說家托爾斯泰在他的作品《一個人需要多少土地》裡，描寫主人翁喀霍姆前往土地廣袤的部族購買土地。他和當地人約定，日出起開始行走，到日落之前能回到起點的那片土地，悉屬他所有。

因為喀霍姆過於貪妄，他拚命往遠處行去，結果折返起點時已奄奄待斃了。

誠如這篇小說所暗喻的，我們何苦為了增加聲名財富而如牛馬般拚命工作，以致於傷損了身體呢?

《左傳・莊公二十四年》：「儉，德之共也；侈，惡之大也。」即指節儉，是德行中最大的美德；奢侈，是罪惡中最大的罪惡。」

56 給身陷逆境的人

逆境界易打。順境界難打。我意者逆，只一個忍字便消，加以定省，稍時便過。《大惠．緇門寶藏集》

任何人都渴望自己的人生一帆風順，卻總難免為逆境困阻而飲泣。長處順境而得意忘形者，一遇逆境，便元氣大傷、意志消沈，被激烈的孤獨感或厭世感所侵擾。有些人只要工作不順遂，或略遜同事或後輩一籌，便覺自己凡事落伍、孤立無援，而怨恨人世之不近情理。

然而，悲觀並無濟於事，唯有拿出再出發的勇氣和自信，才可能改逆境為順境。

《伊索寓言》裡有則「雲雀和農夫」的故事，內容如下：農夫到田裡巡視，看見小麥結實纍纍，喃喃地說：「我得找朋友來幫忙割麥子。」

聽到他的自言自語，在麥田裡築巢的雲雀媽媽對小雀說：「還不到我們搬家的時候。」

但幾天後，農夫獨自來到麥田準備割麥。雲雀媽媽才對小雀說：

「嗯，我們得搬家了，因為農夫不依靠朋友，自個兒來割麥了。」

由此我們可得到一個啟示，即依自力躬親工作，才能期望有成就。遺憾的是，有些人光說不練，更糟的是，有些人連工作、實踐的意念都闕如。

海產中的蠑螺有二種，一為外殼帶刺的，另一為外殼不帶刺的，前者較後者美味、高價。蠑螺外殼的刺，可於海底支撐蠑螺使其保持安定。聽說潮流愈洶湧，此種刺便愈發達。用之來譬喻人生，可謂一針見血。

在溫室裡育成的人，總是經不起風雨的襲擊；而慣常在人世的荒波中起伏飄盪的人，卻能在逆境中愈磨練得奮勇堅毅。

據傳在從前鄉下人較城裡人更易罹染結核病，因為都市裡的人長久在污濁的空氣中生活，身體已產生了抵抗力，反而更能對抗這種疾病。

因此，逆境來時，實應視為逆緣的來臨而欣喜、坦誠地接受。在逆境中，才更能體會順境和幸福之所在。人人都不喜歡旁邊有討人厭的人繞來轉去，但此等眼中釘人物對我們又何嘗不是一種「逆境」呢？

惠心僧都曾在逆境中作了如下的述懷：「此身無論如何卑賤，也不致比畜生差勁；此家無論如何微寒，也不致比餓鬼不如。雖然不能心想事成，但此種苦痛何能與地獄之苦相較?故，生而為人何等幸運!」

日蓮上人亦曾在《開目鈔》中寫道:「日蓮的流罪，乃今生之小苦，何足悲傷?畢竟救世能享大樂。故應多愉悅，多愉悅。」

人生總有起伏浮沈，不要迷執於當前的逆境，奉勸諸位稍安勿躁。為那不久即將來臨的開運之日奮力作準備吧!

57 給被外物所役的人

百尺竿頭，坐底之人，雖能得入，卻未成真，百尺竿頭須步進。十方世界，現全身。《景岑禪師·無門關》

不論男女，隨著年齡的增長，愈有修飾外表、渴求地位、權勢、財產的傾向。這種欲求是無限的。然而愈想獲致這一切，愈迷失本我，甚而將地位等錯覺為自己本身，直到失去自我時，才驚愕不已。

地位、權力和飾物等，的確能滿足個人的所有慾，兼有影響他人的效果，其中尤以金錢的力量最驚人，無論在企業界或選舉時，投下愈多資金往往能激起更多的支持。其情形恰如蒼蠅之向腐物麇集。無奈的是，此種金錢關係一旦斷絕，相互間的緣分亦告終盡。

曾有位企業家坦言：「金錢太多，常為如何減少金錢而苦心思量，此外錢也常成為遭到攻訐和爭端的種子。我真懷念以往那種不太多錢的生活。」

如此看來，一天過一天的低所得上班族顯然較幸福，經常懷抱「人間本來無一物」的態度者，即使收入僅一百元，也覺得非常幸福，畢竟他不必有損失一億元之虞。我們須深知，依恃自己的所有物而生活是空洞的，唯有將這些所有物放棄，我們才得以自由。

一休禪師住在京都時，富翁高井戶家派人前來說：「明天是先父一周年忌，麻煩禪師走一趟。」禪師對這位富翁平日靠著財勢作威作福頗起反感，但仍答應去一趟：「好，好，我會去的。」

他隨即喬裝成乞丐，出現在富翁家門口，說：「有人在嗎？我想見主人。」對方真的就將禪師視為乞丐，大吼說：「你這乞丐太魯莽了，滾！」但他執意不肯走，主人聽到喧鬧聲，就吩咐僕人：「這乞丐太頑固了，把他攆出去！」於是禪師遭到一頓痛毆後，被追著趕了出去。

翌日，禪師帶著二、三個僕從，身穿緋衣和七條茶色金襴，威風八面地到達高井戶家。富翁則扮裝得儀表堂皇，誠懇地出門歡迎他，邀請他進門，門前擠了一大堆人想一睹禪師的真面目。只見禪師冷淡地說：

「主人，貧僧站這兒就好了。」

「不，禪師，請到佛堂裡來。」

「主人，昨晚謝謝你那疼痛的款待。」

「你所指的疼痛是什麼意思？」

「那就恕我直言了，昨晚的乞丐就是我。」

「噢，你說什麼？」

「我穿破破爛爛的衣服來，就挨僕人們一頓打；我穿金襴袈裟來，你就當我是上賓。既然你這麼喜愛金色的袈裟法衣，就向法衣佈施吧。這總比佈施給乞丐更有功德。哈哈哈哈！」

他朗聲大笑，隨即脫下法衣，頭也不回地走了。富翁一家人頓覺羞赧萬分。

我和一休禪師當然不能相提並論，但也有與他類似的經驗。

唸高中時，我利用暑假在故鄉附近的岩舟採石場打工，每於下工後我就將工作服換下，穿著乾乾淨淨的西裝襯衫，搭乘汽車返回住家附近的車站下車。

某天傍晚，由於下工太遲，來不及更衣，我就穿著髒兮兮的工作服搭車，腋下則夾著用布巾包裹的外出服，俟到站下車後，突被站前派出所的警察叫住：「喂，你穿成那樣到哪兒去？讓我瞧瞧你那包東西。」然後不由分說，就解開我的包巾，看見裡頭的衣服，劈頭便詰問：

「你這是從哪兒偷來的？」

「這是我自己的。」

他惡形惡狀地說：「少來啦，你怎會有這麼高級的衣服？」我氣得說不出話來。「你不作聲，討不到什麼好處，快從實招來吧！」我於是說：

「我是×地的人。如你認為我說謊，警察署長和家父交情深厚，你去問他吧！」

他趕忙改變態度說：「對不起，對不起，你快回去吧！」

「你以貌取人，太不應該了。請問尊姓大名？」

他低聲下氣地說：「抱歉，請原諒。」

我無意再咎責他，留下一句「往後你的態度最好改一改」便轉身走了。

以貌取人，實在是相當可議的行為。

58 給與人失和的人

以爭止爭，不得止。唯忍，能止爭。此法乃真尊貴也。《中阿含經》

精明幹練的職員常被高薪誘惑而接受挖角或跳槽，但就另一方面來看，許多人是基於公司內人際關係之挫折而萌生去意的。他們在抱怨上班無趣，與人共事困難之後，不是辭職便是轉業。

名聞遐邇的日本版畫家棟方志功說：

「我從不因工作而覺辛苦。人若投入工作中便會樂在其中。如感到辛苦，那一定不是你感興趣的工作。此外，我敢斷言技巧是推陳出新的，技巧永遠不會到達瓶頸狀態。令我覺得格外辛苦的，反倒是工作之外的人際關係。」

人際關係雖常困擾我們，卻是社會生活中不可或缺的要素。

夏目漱石在《草枕》的開端即表示：

「我一面攀登山路一面思索。僅憑理智處事，常引發摩擦；但過於重視感情，則為情所誤。意氣用事，則又渾身不自在，人在世間真是處處難為。愈覺不適意，愈想往適意處去，但一旦人醒悟到世上根本無所謂的適意之處，便會詩心大發或畫興泉湧。」

我們是凡夫俗子，當然很難臻此境界，但既生而為人，便無法逃避人際間的不悅，此時除坦然接受現實世界外，別無二法。

實際上，要和他人融洽相處並不難，無論對方說什麼，不妨微笑以對，但長此以往，也會演變得僅會附和他人，而不能充分發揮自己的潛力。因此，態度的拿捏也十分重要，最好是不一味姑息他人，儘可能減少彼此間的摩擦，而又能適度展現自己的潛能。

人與人間偶會因誤解而絕交，這是最要不得的態度。和多數人交際時，不宜忘記自己；單獨一人時，亦不應忘記其他多數人，隨時保持不即不離的關係，有助維持良好的人際關係。

當然彼此親密些並無可厚非，唯應謹防過度親密亦可能帶來禍患。尤以友人間的借貸，須格外留意。西方有句諺語：

「想失去好朋友，就借錢給他吧！」

所以，如應允借錢給朋友，乾脆就抱著不打算要回來的心理。大體上，金錢極易招致糾紛。引起衝突。《法句經》（二一三）云：

「親密生憂，親密生不安。凡避離親密者，可免憂去不安。」

和他人保持恰當距離，是處人的中道。

相互失和或產生摩擦時，常會衍生成冷戰狀態或惡語相向，更甚者還會大打出手，或背後設陷傷害對方。但若不和之初，能夠自我反省。不咎責他人，忍一時之氣，則不論對方態度如何，往往未久便能息事寧人，相互握手言歡。

《優婆塞戒經》裡有謂：「見人離壞，使其和合；揚他人之善，隱他人之惡。聞人之秘事莫傳揚。」如我們誠心誠意待人，對方卻相應不理時，則可抱著「去者不追，來者不拒」的態度泰然處之。

59 給推諉責任的人

我為日本之柱，我為日本之眼目。我為日本之大船，凡此誓願，務必遵行。

《日蓮．開目鈔》

鎌倉時代日本境內內憂外患，可是當時的幕府均束手無策，狼狙不堪。日蓮上人有感於此，遂提出《立正安國論》，為脫離危機之方策進一言，惜未被接受，反遭羅織入罪，被放逐到伊豆的伊東。他在受斬之前以自己的性命作賭注，決心拯救國家，因而大聲許下前述三個誓願。

蒙古揮軍入日本時，日本雖陷危急存亡之際，但國內卻四分五裂，各種主張競起，彼此推諉攻計，日蓮見此光景義憤填膺。而當時的政府又擬不出對策，只眼睜睜看著事態的發展，於是痛下決心作為日本的基礎，日本的眼睛和日本的船，載運眾人渡過波濤萬丈的大海。

日本的山本常朝在其著作《葉隱》中表示：「總之，若無高遠的見識，難期修業有成。抱持以我一人運作國運的態度，修業必然有成。」足見真正憂時憂國的人都擁有濃厚的使命感和責任感。

日本的北方領土，及竹島等領土，經常受到近鄰諸國侵擾，可是當局卻始終沒有拿出具體辦法，而一味想逃避責任。

面臨困難時互相推托責任，是萬萬不該的。不管時代變遷如何，在這種情況下最不可或缺的是，醒悟到自己支撐國家（公司）的責任感。

常常當事情進展順利時，大家都能相安無事；然而一遇有事端發生，必須追究責任時，大家便相互推諉，把責任推得一乾二淨。

義大利的馬奇維利（Machiavelli）在《君王論》中痛陳人類的詭詐：「人們都是忘恩負義，情緒多變，陰險狡猾，追逐私利，在必須犧牲自己時，卻競相開溜。」

的確，能夠犧牲自己、服務他人的人是太少了。

當年禪師澤木興道師接到召集令，赴滿洲從軍，在首山堡和俄國軍隊激戰時，日軍們都龜縮在塹壕中朝敵人開火。此時澤木興道師就高喊：「前進！前進！」但無人敢爬出塹壕，隊長甚至躲在塹壕角落抖個不停。他就敲打大家的臀部說：「進擊！」然後作先鋒砍入敵陣，終使日軍佔領首山堡的一隅。

此際，司令官正站在後山用望遠鏡觀戰，見此光景驚訝地說：

「那支部隊真奇怪！隊長竟自後頭指揮軍隊。」等戰鼓停歇後，他問：

「那位勇敢的士兵是誰？」

有人答：「好像是名禪師。」

於是他被傳喚出來。他的應答是：「並不是因為我是禪師才有這份膽識。我只不過將生死置之度外罷了。」

爾後他對周遭的人說：「人一旦將生死置之度外，便沒有什麼不敢做之事。」

60 給對行為不負責的人

確實，懿行帶來幸福；惡行帶來不幸，猶如看管庭園的猴王，無知者將損失利益。《本生經》

自認殫精竭慮地服務他人，但有時就旁人看來，那不過是有害無益的行為罷了。此即所謂「以名傷名」，亦即所為所行不但無助於人，反而有傷於人，許多人就常因此不滿地抱怨「我為他這麼賣命，他卻絲毫不肯定我」。

《本生經》裡有如下的一則故事。

從前在印度巴拉那虛的都城舉行祭典，宮廷裡的庭園管理員想去觀禮。於是他命令在園裡嬉戲的猴王：「我要外出，我不在時你得幫我把園裡的小樹木澆澆水，免得它們枯萎了。」然後留下澆水的道具便出去了。

猴王召來統領的猴子們說：「從現在起，我要你們替小樹木澆澆水，不過水可不能亂灑。所以，你們先將小樹木一棵棵拔起，根深的多澆些，根淺的少澆些。水就不會不夠啦！」

猴子們就依令行事。此時，一名賢者問：

「為什麼把小樹木都拔起來呢？」

猴子答：「猴王這樣命令，我們就這樣做。」

賢者聽了這番話感嘆說：「唉，真是又愚蠢又無知。雖是出自一番熱忱，反而幫了倒忙。」

這些猴子只知盲從上司的命令，受澆水一事所限囿，完全忽略了樹木的培育必須根植於泥土中，牠們的幫忙反倒使樹木枯萎了。

在人們的社會裡，相同的例子亦隨處可見。

例如，推銷員推銷產品時，常是攜帶了林林總總高額印製的美麗目錄、說明書等，並鼓其三寸不爛之舌宣傳該商品的優異，不過消費者通常都會對那些宣傳文句打折扣，半信半疑。

實際上，產品的好壞應由消費者，而不是推銷員來判斷，而所謂的宣傳廣告，亦不應以花言巧語引誘消費者掏腰包買貨。最近一般流行以「PR」替代「廣告宣傳」。目的在使顧客了解廠商所欲傳達的商品實態。也就是一種使顧客相信該產品確為其之方便而設計，以投其所好的手段。

遺憾的是，推銷員往往為了提高個人業績，罔顧商品的缺點，胡亂吹噓，對自己所說的話毫不負責任，反倒使產品銷不出去。

懿行、益行，指的是對己、對人皆有利的「自利利他」行為。很多人未慮及此，為了賺得更多財富不擇手段，即使一時間獲得了利處，但以長遠的眼光來看，並無啥旨趣，更何況昧著良心行事，還可能使個人的信用破產。

61 給不獲良師指點的人

傳授佛法，必以證契之人為宗師。執著文字之學者不足為導師，其情形恰如一盲之領眾盲。

《道元。正法眼藏弁道話》

有人常慨嘆「為何總找不到良師或前輩指點」。對一個力求精進的年輕人而言，能否得到良師的指點，對其人格之形成及往後之發展關係至大。得以充分咀嚼、學習教師言行的人，在謝恩之餘，能將其所傳承的良師的高風亮節以及學習的喜悅等，薪傳予後繼者；然而沒有此種機緣的人，就只有徒嘆奈何了。

從前，山林裡有好猴王和壞猴王。某日，國王前來狩獵，山林周圍佈滿了站崗的士兵。好猴王就建議壞猴王：「我們被那麼多士兵包圍，情況很嚴重。咱們還是渡河脫困吧！」

壞猴王就說：「沒必要那麼費事。反正河的那邊未必有豐富的食物；而即使留在這兒，也未必有重大危險。」

結果跟從好猴王的猴子們都平安脫困，牠們對有先見之明的好猴王千恩萬謝。可是跟隨壞猴王的猴子們都遭逮捕，牠們對壞猴王謾罵不休，再也不順從牠了。

以上是記載於《本生經》譬喻物語中的一則故事，足供讀者參考。

《論語》有云：「朝聞道，夕死可也。」能自良師學到人生真諦時的喜悅，的確非筆墨所能形容，良師之偉大，在於他不將自己的知識強灌輸給後進。

另外，在《中阿含經》裡亦云：「如來不過是教導者也。」

詩人芭蕉也說過：「不求古人之跡，但求古人之求。」

師者並不期望成為知識的保有者，他們寧可是個傳授者。良師是將自己的學問法門傳遞給學子，當學子能青出於藍而勝於藍時，教師的使命便達成了。而學子報恩的最好方法，莫過於修得比教師更淵博的業績和智慧。

可是當前國內的現狀如何呢？後進若和恩師辯駁，在學問上和恩師有不同之論，馬上會被視為忘恩負義的人。更甚者，學者如欲著書立說，往往得經學界重鎮之薦舉，而這些學界聞人卻常因學說遭到批評而惡意打壓後進。如此一來，師生關係何異於黑社會角頭與嘍囉的關係？

往昔在日本，學習劍道的徒弟在獲得秘傳出師，開始獨立後，就成為與師父對等的劍客，彼此排棄私人感情，相互競技。惜這種師徒之道業已淪喪，學閥亂立的結果是，不重實力只重大師的權威和地位，在這種狀況下育成的教師，多半在學問上難期有成，說穿了，他們不過是在大眾化的學校修畢學分的人罷了。像這樣的教師如何化育學子？

值得牢記的是，《梵綱經》裡所云：「為求遇演說無上菩提之師，勿觀種姓、勿見容顏、勿嫌非，勿思行。」以及親鸞在《歎異抄》裡所謂：「親鸞從未有弟子。」師生實應共同為追求真理而謙虛自持。

62 給尋覓人才的人

何者為國寶？國寶乃道心，有道心之人名曰國寶。故古人謂徑寸十枚非國寶，照一隅，即國寶也。

《最澄・山家學生式》

昔時，蘇格拉底大白天提著油燈在雅典街上東張西望，不知在找尋什麼東西，路過的學生問：「老師，你在找什麼？是不是遺失了什麼？」

他回答：「我在找人。」

「找人？那邊不是有一大堆嗎？」

「噢，那些都不是人。」

這故事是真是假姑且不論，但它確有蘇格拉底的風格。

「眾人之中無人」，今天，「人為人，人做人」的情形已不多見。許多公司或企業的經營者時常訴苦「庸才充斥，人才闕如」，原因不外「衣食足而禮節廢」，在豐裕的物質環境下，從採填鴨式教育的學校畢業的人，進入公司後往往是怠惰消極，擔當不了重責大任。

資源較少的日本往後的生存之道，再也不能如過去般只依靠輸出進口原料所生產的加工品，而須大規模地培養人才，輸出知識、技術和智慧，捨此之外別無他法。育成能適應資訊化時代的人才，有賴大量的時間和金錢，這些人將成為決定國家未來的國寶和財產。

日本向來以教育立國，國民教育所占年度經費為世界前矛，但在效果方面卻蹚乎歐美諸國之後，幸而青年們發揮潛力的可能性不可限量。

在狹窄的國內，容易受地位、財勢、學歷等掣肘而動彈不得，今後不妨衡量自己實力，遠赴海外一展鴻圖。勤勉優秀的人才，是世界各國殷殷期待的。

例如，在接近阿爾卑斯山的 Tirol 地區，有個劃屬德國的密特倫巴特小山城。該地風光明媚，橫光利一曾如此描寫：

「這份美更行更遠，有沼澤、有森林、有發亮的雪溪，峰迴路轉又是一番景緻……」

該地還以製作小提琴聞名遐邇。

有位日本青年本間成彬，就在這兒獨立經營製作世界數一數二的樂器。

法國南部的藍色海岸附近的偏僻寒村裡，有幢四百年前建築的石造倉庫。日本熊本市的青年增永國臣，就是於此和天才數學家，曾獲頒費爾茲獎的克魯坦狄克博士同住，過著遠離近代文明、天天冥想和農耕的生活。

此外，以歌劇歌手而活躍國際舞台的東敦子，目前賦居義大利米蘭。她因演出「蝴蝶夫人」一炮而紅，演出場地包括紐約大都會劇院及維也納、漢堡、柏林等歌劇場，演出次數超過了百次。

也有朋友隻身前往孟加拉、南非剛果等開發中國家，進行農技方面的指導。我深盼能有更多的青年遠赴海外大顯身手。

當然，成年人亦不應僅將期望寄托在下一代青年的身上，而應率先將自己的知識和生活智慧傳承給他們，誠如人們常說的，「我希望孩子像我，但不要做我這樣的人」，努力使青年人脫出上一代的窠臼。

在衷心培育有擔當的下一代人才時，宜抱持教其五分，則讚美三分、叱責二分的態度，促使他們奮起。如做不到這程度，就沒有資格抱怨「現在的年輕人太不像樣」了。

63 給期待當頭棒喝的人

我們皆是煩惱具足之身，但姑息他人之非行、非言和非想，適足以害之。《親鸞・末燈鈔》

放眼當前的世態，一個人除非犯下嚴重錯誤，才會受到叱責。在一般狀況下，小惡都受到姑息和縱容，普通人見到他人的不良行為，也以「君子不近危」而佯裝沒看到。然而，當人們過於受忽視時反會覺得不安，有時真恨不得有人如父母般痛訓自己一頓。這正顯示當事人渴望獲得解救，故應以其能接納的方式加以勸戒。

有個上班族，他的酒品不好，又常找藉口怠工或敷衍塞責，所以常被譏為「坐領乾薪」。有一天，他收到相當了解他的上司的一封信：

「我始終以關愛的眼光看待你，只要你不犯大錯，我都寬容你。但近來我發覺自己這種態度是不對的。像你這樣玩世不恭的態度再不收斂，對你和對社會都沒有好處。

你的表現，不但對自己不忠實，也對人生不夠認真。誰心中沒有煩惱和悲哀？可是多數人不都是咬緊牙關，努力在奮鬥嗎？而你，只想逃避現實，每天過著自甘墮落的生活。偶爾讓自己鬆弛鬆弛當然無所謂，可是人生終究不是如此單純。遲早你會被自己，進而被公司同事、社會所拋棄。屆時你想後悔都來不及了。

如你無心工作，也不是什麼大不了的事。只是往後你絕不能因自己的不幸而怨天尤人；無論境遇如何落魄，也甭想找人支助。凡事你只能自作自受。人生原就是孤獨的，除了自己之外不可能依賴其他任何人。這是我衷心想告訴你的。

我想，你應能體察我寫這封信的苦痛心情。我深信你一定有滿懷心事，期望你能找個時間坦白告訴我。不管多晚，或到我家來，或打電話來都可以。我給你十天期間。這中間如你幡然改過，我當然竭誠歡迎你，可是十天後你仍絲毫不悔過，也不給我答案，繼續過那醉生夢死的生活，可就恕我難再接納你了，此後你請另謀高就。我等待你的回答。」

看完這封信，他愕然發現世上仍有人關懷著他，忍不住痛哭失聲。從此以後他痛改前非，脫胎換骨成另外一個人。

真正擁有資格訓誡他人的人，恆常是先將矛頭指向自己，如此才具有說服力，而得以贏取對方的認同，期望我們彼此都能更嚴格地敦促對方。

64 給獨善其身的人

極樂之池綻放著宛若車輪的蓮花，綠色的花閃爍著綠光、黃色的花閃爍著黃光、紅色的花閃爍著紅光、白色的花閃爍著白光。《阿彌陀經》

在擾攘的街上步行，觸目盡是穿著各式各樣服裝的人，饒富趣味。有人西裝革履、結領帶，有人穿夾克、毛衣，還有人蓄鬍子、穿牛仔褲。至於女人們則如服裝展示般，每人都穿得各其特色，滿街盡是洋裝、套裝及各種配件在招搖，令男士們目不暇給。服裝，也是一種個性的表現，既然每個人的性格不同，表現在服裝上當然也互有差異。

言歸正傳，前述所引經文的極樂，並非指山的彼方或死後的世界，而是指現世幸福的平和世界，於其中，性格相異的人好似池中綻開的綠、黃、紅、白等蓮花，各應充分發揮個性和特徵，以求順適地生活。亦即這並不是個僅容少部分人炫耀財富、權力、名譽和美貌，而其他人得為他們犧牲的不平等世界。

事實上，這是人人都能配合其性格和能力，儘量貢獻己力，並受到肯定的平等世界。

心理學者宮城音彌先生在《日本人的生活模式》中，曾列舉人類生活方式的多樣性，並將其性格分為七種類，即享樂人、義務人、冒險人、逃避人、追求人、無執著人、自由人等七類，而我們每人都分屬其中的一種。

享樂人缺乏自主性，只追求快樂，喜歡好逸惡勞的生活。義務人認為忠實地遵行社會的習慣和規則，最具價值。冒險人企圖擺脫社會的制約，以自己的人生為賭注投身於事業。逃避人只要遭遇失敗，便顯得孤立、反動化。追求人不肯順應社會的制約，喜歡自己設立理想，並朝其目的邁進。無執著人不受世間的規則所束縛，而過著悠悠自適的生活。自由人則和這些範疇保持若即若離的關係，而追求絕對的生活。

所謂軟弱人和義務人。是屬軟弱型的人；冒險人和逃避人，是屬好勝型的人；

追求人和無執著人，則和強氣型的人有表裡關係。據心理學者分析，軟弱型的人具分裂質；好勝型的人具躁鬱質；強氣型的人則具癲癇質的症狀。但歸納起來最理想的是無色透明、自由闊達的本我境地。這部分的說明請參照圖示。

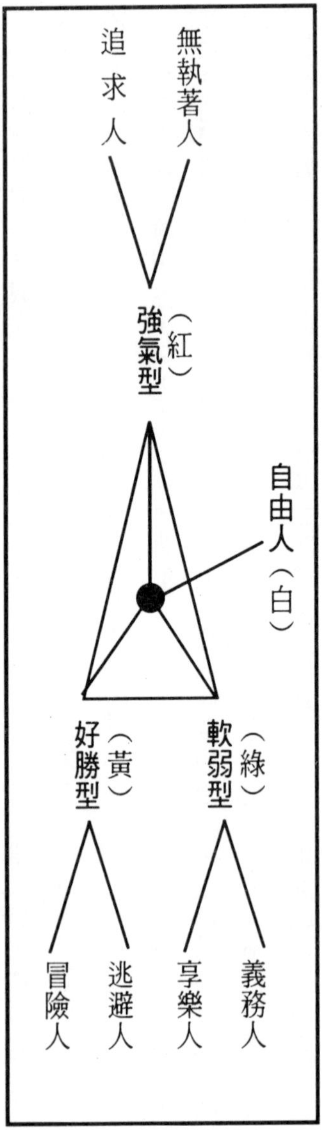

由此可知，無論軟弱、好勝或強氣等氣質的人，都有許多缺點。如能及早發現缺點，憑自己的意志去矯正當然再好不過，可惜大部分人都「明知故犯」，只要自我觀念一抬頭，就事事衝動無法自我約束。

人類的慾望是無限的，過度自我膨脹趨於極限時，軟弱的人即會陷於精神官能症，好勝的人會變得歇斯底里，強氣的人會陷於偏執狂，遭受種種挫折。

欲避免此等症狀，應即拋棄過於我執的想法，醒悟到本來的自我，做個不被任何事拘束的、自由自在的自由人。

虔誠基督徒內村鑑三在《歡喜與希望》中曾提及：

「若樹木全變成櫻花，情形將會如何？若鳥類全變成孔雀，情形會如何？若所有的人都像我、信仰我的宗教、遵奉我的主義，情形會如何？到那時候我勢必厭棄這世界、渴望早點兒離開這世界。」

人各有性格，也各有長短處。但人如彼此攻訐、結群成黨、循私護短、非難和謾罵他人，則這世界絕難平和。我們應互相理解、互相肯定對方的異質性，尊重對方並朝互相共通的本我（大我）而戮力以赴，除此之外，人類即無未來可言。

65 給缺乏愛心的人

人的想像力無遠弗屆。但大千世界裡，唯人最可愛。與此相同，眾人之中，唯己最可愛。然覺知到自己之可愛者，不能再損害他人。

《相應部經典》

曾有位學生問我：「老師，我想擔任小學或幼稚園的教師，但卻不喜歡孩子，怎麼辦？」

這女孩看來十分神經質，對自學校畢業後的就職事宜，頗覺不安。

「說起來，妳是太好命了。不過，並不是只有妳有這種憂慮，大部分人都和妳一樣，別太擔心。」

我如此回答，但她連一口茶都不曾喝，只滔滔訴說完自己的心境。便離席回去。

美國心理學者E・佛洛姆曾經說：「現代人只知被愛，卻不知愛人。」許多人常將他人的好意和親切視為當然，而認為積極地愛人或服務他人，沒有意義可言；凡事若不以自我為中心便覺不滿不平。

不過，這種情形並非始自今日。

釋迦在世當時，高薩羅國的巴歇那迪王娶了美麗的瑪卡利為妃，每天過著如膠似漆的幸福生活，有一天，國王登樓賞景，一時興起便充滿期待地問王妃：

「在如此遼闊的世界上，你覺得誰最可愛？」

他所得到的答案是：「國王，我覺得世上最可愛的莫過於自己。」

他甚感愕然。後來巴歇那迪王就去找釋迦討教，釋迦即回以前述的經文，國王細細推敲，也確認自己是世上最可愛的人。

究極而言，人們無論何等恩愛，仍以自己為最可愛。釋迦深悟此乃人類不可避免的宿業，所以才陳說人類不應相互傷害感情，而應彼此謙讓、互助合作。

如費盡心力仍覺無法熱愛他人不妨試試拒絕他人的所有好意和親切，將自己陷於孤獨深淵中的景況。

昔時，釋迦有位徒弟很不能忍受道友的存在，喜愛一人獨修。釋迦洞察到他外表看來意志堅定，實則內心非常軟弱，為了測驗他的勇氣，有一天吩咐他：

「你到這座山後有鬼神棲住的山谷樹木下去冥想。」

他爽快地回答：「是的，我知道了。」

然後喜不自勝地上山。他到達目的地後就開始進行冥想，但由於恐懼和寂寞，一、二小時後漸覺難以忍耐。

「唉，連個說話的對象都沒有，真寂寞啊！」他自言自語，深悔來到這兒冥想。他內心忖思：

「你何苦選擇修行者之路呢？你出身富貴家庭，生活原本無憂無慮，一家人熱熱鬧鬧，每天都快快樂樂。家人都在等待你。及早停止修行，回家去吧！」

當他決定停止冥想回去時，釋迦來了，說：

「前些日子看你勇氣十足，來到這山谷你不覺得害怕吧！」

「噢，我怕死了，不敢在此久留。」

他誠實地回答。當他們正交談時，有匹野象過來蹲在樹下睡著了。釋迦問：

「你可知道安安靜靜入眠的大象的內心？」

「不，不知道。」

於是釋迦說：「這匹象是大小五百多匹當中的一匹，可是牠卻離開群象，隻身來此安歇，可見象群中一定十分擾攘。看樣子，連牲畜亦渴求孤獨。反過來說，不耐和眾人共處而出家的人，現在為什麼厭棄孤獨了呢？實際上，周遭的人固然很多，但與不諳道理的人往來卻有礙修行，因此，修行時並不需要同伴。」

該修行者聽完這番話，才恍然大悟釋迦何以要自己進入如此寂寥的山谷。

以上故事載於《法句譬喻經》（一），唯有陷於孤獨的人方能體會與他人交往的可貴。遺憾的是，幽閉自己的心房、自外於人，過著寂寞生活的現代人為數不少。

第四章 培養慈悲心

66 給妄下斷語的人

人犯錯乃常事。知人之死，卻不知我亦將死。為貧而苦，卻不知何以擺脫。厭惡被欺騙，卻寧願人人被我騙。擅長祭祀，卻不尊崇身之佛。批評他人無禮，己身卻不依法行事。《至道無難．假名法語》

近來的年輕人總將自己應做的事置之一旁，卻一再要求他人，或不許自己的權利稍受侵擾。

一個人想主張權利，勢必得附帶義務和責任；否則只享權利、不盡義務，豈不霸道？這種人日久終會遭到唾棄。而又有哪家公司願意付錢雇用這種人呢？

我們唯有做好被期待的事，付出代價之後，才能要求權利，可是不提高業績，卻執意要求金錢、物品、待遇等，就說不過去了。

我最近頻頻參加國內外的會議，赫然發覺許多與會者雖提出決議文或申請書等，但多半是光說不練，或藉此要求他人。無所不用其極地要求他人，是最不負責任的行為。

美國總統甘迺迪曾有句名言：

「不要問國家能為你做什麼事，而要問你能為國家做什麼事。」

人人都應先反躬自問，才能要求他人。世上不負責任的人多不勝數，他們將工作推諉他人，若工作未如預期完成，就認為自己是被害者而咎責他人。

例如，一度震撼政財界的洛克希德事件即屬之。針對這事件，沒有一名涉案者挺身承認受賄行惡，請求懲罰。無論如何嚴厲地追究他們的犯罪事實，他們一概否認「我不知道，我記不清了」，甚至反控他人毀壞名譽，而使自己成為被害人。基於人權，若自認名譽遭到損害，理應證明自己的清白才對。但他們並未如此作。而只一口咬定：「我向天地神明發誓，我與此事無關！」如何取信於人呢？

至於那些幸而能規避責任、站在證人席的人物，也一個個想盡辦法在大火尚未延燒到身上之前，設法將此事件淡化或壓制。有些旁觀者覺得「他們是一群可憐人」；但有部分人為了爭權奪利，則更進一步加以彈劾。

這些當事人確實太不負責任了。無奈大家要嘆誠實者太吃虧了。

事實上，這可能也肇因於大部分日本國民都太老實，在沈浸於經濟高度成長的喜悅中，對政界的權力運作抱持旁觀態度所造成的吧！

如將一切歸諸命運，或背地裡發牢騷，都不可能使世界更美好；唯有大家參與社會正義，才有可能消滅不正不義。

美國的著名建築家菲力蒲・強森就曾如此述懷：「世上的評論家僅瞄了一眼，就用簡簡單單一句話，斷評我們嘔心瀝血的建築作品。我們幹嘛要拚命去討好評論家、顧慮評論家呢？就只為了獲得好評嗎？太無聊了。」

不但建築物如此，凡想實現劃時代創舉者，勢必耗盡心力，吃盡無人知曉的苦頭；而評論家或解說者竟只用簡短一兩句話就將這一切過程淹沒了。作為一名旁觀者，任誰都可評長論短，可是我倒想問問他們在下評語之前，是否曾體會當事者萬分之一的苦痛和呻吟？（畢竟現代評論家的影響力太大了）

正熱衷於工作的人的模樣非常優美。可怕的是當前許多人純以旁觀者立場，口誅或筆伐這些付出無限心血的人。

若沒人想扮演當事者負責進行工作，這世界將如擠滿觀眾、卻沒有演出者的劇場，最後大概只會落得觀眾們大打出手。

此後，我們實不應再坐看舞台演出者的演技，而要像將人生喻為舞台的莎士比亞般，親自站上舞台，紮紮實實地演出。

為達此目的，人人都需履行自己的角色，無論所完成的行為是好是壞，總應作為擔負共同責任的主體者或分擔者。

67 給有怪癖的人

脫俗，是謂奇。尚作意者，不為奇，實乃異。不合污，是謂清。絕俗求清者，不清反濁。

《洪自誠・菜根譚》

諸位曾否因被評為「怪裡怪氣」而傷腦筋？凡事我們只要無愧於心，大可不必耿耿於懷。頂多就被稱為奇特的人吧！可是若標新立異或異想天開，就不足稱為奇人，而只能算做怪人了。我們寧可做奇人、奇特的人，也不要成為怪人。

同樣地，在紅塵萬丈中不受污染，就是清廉潔白；可是避離世俗、污衊一切，自高自傲，就不是孤高而是孤立了。

世上想獨佔鰲頭，稱霸一方的人不少。他們不採納他人意見，竭盡所能地護持自己的主張，如發現有人不苟同他們，便怒不可遏，大罵對方無能。此等人常令周遭人士困擾。

另外，不能心平氣和表達情緒的人，也頗令人棘手。他們或是對直屬的功勞惡意打壓，或是對同儕的脫穎而出斥為「沽名釣譽者是凡人」，像這樣氣度狹小，言行乖張的人，可謂名副其實的怪人。

在我們的世俗社會裡，處處是矛盾，很多坦誠率真的人常吃暗虧、終生無出頭之日。儘管如此，並非世上的一切皆污穢，一切人皆醜陋狠心。在姑息又手段卑劣的競逐名利的人群中，亦不乏宛如出污泥而不染的白蓮般，維繫著良風美俗，以清純方式生活的人。

譬如自稱「狂雲」，公認超脫常俗的狂僧一休禪師，就堪稱奇人中的奇人。禪門僧侶一般都禁絕肉食和結婚，一休禪師卻打破這個戒律，在晚年時寵溺一位盲女森女。四十二歲時，他住在大阪・堺，可是他雖係僧侶之身，卻隨身攜帶木劍在街上走。街上的人深覺奇怪，便問他緣由。一休答稱：

「當前的假和尚就像這把木劍，外觀看起來像真劍，但一拔鞘就露出其中不過是木片而已。人哪！總應辨明真面目才行。」

一休頗不耐煩充滿虛飾的世界的偽善，認為內容重於形式。乍看他好似自甘墮落的破戒僧，其實他自年輕時代就作著極嚴格的修行，並非如外人所說的律己寬而待人嚴。

禪僧良寬，也是有數的奇人之一。他於玉島的圓通寺經過長期修行後，前往諸國托缽，到了越後的國上山，竟成為孩子們的遊伴而度餘生。這是段相當知名的歷史。有人問他：

「你為什麼和孩子們嬉遊？」

他回答：「我喜愛孩子們的真，他們不造假、不虛偽。」然後笑著繼續說：「見到孩子們快樂，我也快樂。孩子們的快樂就是我的快樂，一舉兩得，是乃大樂。」

他不受世間的毀譽褒貶所囿，而自由奔放地依據自己的信仰去行動，確實值得我們看齊。

68 給不知謝恩的人

知恩為大悲之本，開善業之初門。不知恩，比牲畜不如。《大智度論》

傳聞有部分家長不惜花費巨資，走後門讓自己的子弟得入醫科大學就讀，並以十分不遜的口氣說：「不管別人怎麼說，反正我是付出我的辛苦錢去獲得我想獲得的，我為什麼在乎那麼多？」

當然，一個人要將賺取的金錢用於何處，純屬個人自由，可是以此方式進入醫大，終而當上醫生的孩子們，以敷衍的態度賺進大筆鈔票後，又再仿傚他們的父母，將自己的子女送入醫校求學，則這種歪風何以戢止？

一名醫生的金錢來源，可能是患者期待及早病癒，而將胼手胝足賺得的錢所贈與的。像這樣的血汗錢竟被醫生充作讓子女以不正當方式進入學校的資金，那麼這樣的子女無論取得了何種醫生的資格，在他行醫的生涯裡泰半也只想大賺其錢。

像這樣，寶貴的金錢落到他們手中又有何意義呢？

亞烈克．赫利的小說《根》裡，描寫二百多年前在美國出生的黑人青年奴隸昆達．肯迪，他少年時代赴非洲去時，他父親曾對他說了下述一段話：

「這世界是由三群人組成的。其一是會吃、會說話的現實人群；其二是我們的眼睛看不見，但確曾存在這世界的我們的祖先群；其三是以後將出生的我們的子孫群。現世就是如此成立的。」

佛教裡也主張，生命是依過去、現在、未來等三世而存續的，故應敬仰三世一切之佛。

現代人普遍認為「一生只有一次」，這個生涯就是一切；然而大家不可或忘，今日的我們是過去的成果，亦為未來的成因。當然，並非過去的一切都會成為現在，或現在的一切都會成為未來，但我們依舊不能忽視過去的影響。

此外，由過去至現在，又從現在接續至未來的世代將永不斷絕。因此，對那些將過去和現在切斷，以為現在才是一切，而醉生夢死過活的人來說，要他們懷想過去，知曉過去的恩惠，豈不是一樁煩瑣的事？

一提到恩惠，大家便不敢造次，許多人因而生怕欠了人家一份情。不過，對於過去，我們僅要以自然的態度去接觸、去懷念，就算是對那心靈故鄉的真正知恩了。

俳句詩人中村草田在其小品《三十年之花》中，曾引述以下一段事實。他的一位友人在就讀中學時，有鑑於公民課本中一再提到國恩、家恩、師恩，他對這個「恩」的意義無法徹底掌握，便請問老師「何謂恩？」老師答說：「經過十年、二十年後，你突然會想起過去的一切，而對它懷念不已時，那一切就是恩了。」

不要以為自己從未受到他人或社會的照顧。實際上這種照顧無時不有，只是我們不察罷了。仔細推想即知，我們之能維持生活，衣食住行都有賴他人的恩惠。如對特別照顧我們的人不知感恩圖報，我們就連動物都不如了。

小說家丹羽文雄說：「在以為當然的心情下，絕不可能湧發感謝之念。」

此話確實不假，不能知恩的人永遠不能滿足於所獲得的，他們總更進一步地要求和強奪。《法句經》裡謂：「恥不足恥之事，不恥應恥之事，有邪念者必出惡行。」欠缺感謝之念與羞恥心的人，前途實堪慮啊！

69 給缺乏憐憫心的人

同事是不違，己亦不違，他亦不違，譬如人間如來之與人不同，使他同己後方能以己同他，道理即如此。《修證義》

森鷗外的小說《高瀨舟》內容如下：

弟弟為疾病所苦而自戕，他將利刃刺入喉部，由於無法即刻死亡而苦痛不堪。哥哥眼睜睜看著這光景，弟弟以懷恨的眼神懇求說：「請快幫我拔掉剃刀，讓我早點死，早點解脫。」哥哥猶豫不決，但看見弟弟苦苦掙扎的模樣，終於為他拔掉剃刀，使他致死。哥哥因此以殺人罪遭到放逐。

安樂死問題常成為輿論的焦點。一般人總無法忍受至親的人在痛苦中掙扎，而寧願幫助他及早脫離苦海。可是依現行法律規定，無論是藉助麻醉或其他手段使人斷氣，不問理由如何，都將以自殺幫助罪或殺人罪受到告發。

一九六二年曾發生一樁兒子受重病的父親所託而弒父的事件。當時名古屋高等法院提出「要件充足，安樂死可在法律上受認可」的新見解，十分引人注目。其見解所謂的要件是指：病人罹患不治之症行將死亡時、病人的痛苦為人人公認的嚴重時；以緩和病人之苦痛為目的時；本人在自由意志下衷心囑託時；醫生判定可予致死時；使當事人致死的方法為倫理所允許時，以上六條件缺一不可。顯然這是基於「病人無口」，唯恐法律遭誤用，才訂下如此嚴厲的條件。

不過，許多世人冷酷無比，見到他人的痛苦無絲毫同情或憐憫之情，反而幸災樂禍，認為受難者是罪有應得，更甚者還如虐待狂般感到快感。

數學家岡潔在其作品《春宵十話》中，曾作如下的記述。

「能體會他人之悲乃道義的根本。見人之悲己亦悲，便已融入宗教世界了。」

法然上人在《登山狀》裡也說：「應羞恥、應羞恥。應悲傷、應悲傷。」他認為自己不能解救他人的痛苦，是一項深深的惡業，因此既慚愧又悲傷。日蓮聖人也曾寫下「日蓮不泣，但淚不斷」的字句，明顯流露出他悲憫人世的悲淚之情。至於現代人，是否已遺落了憐憫之情呢？

在《觀無量壽經》裡有「佛心即大慈悲」一節，指出佛心就如母親之照顧幼子般對一切人表示憐憫之心。佛的前身法藏菩薩就曾誓願，未將煩惱痛苦的眾生解救，不願意成佛。

有人問趙州禪師：「如你這樣悟道的偉大禪僧，還有煩惱嗎？」他立刻回答：「有」。對方又問：「那麼，像你這樣的人也會墮入地獄嗎？」「我會比大家更先墮落。」「為什麼？」「如果我不先墮入地獄，當你們墮落時怎麼辦？」

缺乏這種度量，便不可能對他人的苦懷抱同理心，當然，更遑論去真正同情別人了。

70 給缺乏關懷心的人

不能慈愛一切生命者，是為賤人。

《賤民經》

見人陷於苦境不但漠不關心，反而百般嘲謔的人，不在少數。更有些人為達個人目的，視反對者如蛇蠍。

俗話說：「男人一走出家門，就會遭逢七個敵人。」這七個敵人包括商場上的敵人、仕途上的敵人、情敵、麻將桌上的敵人，至於學生，則是升學競爭上的敵人等。

現代人的敵人可真多啊！大家同屬人類，但對手的存在何以如此可恨呢？值得深思的是，一個人經常陷在敵對意識中，容易變成冷酷、毫無關懷之心的人。

聽說自幼不斷被迫從事競爭的人，上了一流大學的學生們多有左傾傾向。此處所謂的左傾，非指思想上傾向共產主義，而是指其腦部活動較偏向左腦一方的活動，因此在情緒上較不安定。

長年研究人腦部活動的角田忠信博士，在其所著《日本人的腦》中謂，人類的腦分左右兩部，左腦支配學問的知識或知性，右腦支配感覺的情緒或情操。

長期被迫參與升學競爭，獲得了勝利，培養出鬥爭心的現代學生，左腦較發達，右腦的活動則趨於遲鈍，過於偏重智育的結果，使他們非常擅長學問的知識和知性，成為「滿腹大道理，卻缺乏獨創力和關懷之心的人」。一思及這樣冷酷的人充斥在最高學府裡讀書，並且他們未來將是各部門的領導者，就不寒而慄。

不但學生如此，社會人士亦然，尤其女性之間這種情況更明顯。周遭不乏自認受某人欺負、虐待，而懷恨在心、伺機想報復的女性。

她們相當頑固，執意不肯予對方解釋或辯解的機會，其非致人於死方滿足的態度，常令人驚悚。更何況對方實際上未必真的是其敵對者。

凡人都不免有「以牙還牙」的心理，被打了一下，就想回打三下。因而雖有和解之道，卻由於彼此燃燒著憎惡之火，相互傷害，終於導致兩方的挫敗和滅亡。

若我們總是散播互害的種籽，彼此侵擾受苦，便無法湧出能使我們人類有一體感的慈祥之心，而使這世界的爭端永無寧日。

釋迦在世時代，他的堂兄非常嫉妒他的聲名，竟試圖謀殺他。釋迦經此事件，終體悟到恨不宜以恨回報，唯有抱持寬宥之心才能消除恨。

71 給說話不坦真的人

妄語之人先誑自身，而後誑人。以實為虛，以虛為實，虛實顛倒，不受善法。《智度論》

政治家、演藝人員、推銷員等大多能言善道，情侶間更常以甜言蜜語吸引對方。美麗甜蜜的語言的確是生活的潤滑劑，具有快樂的效用。但值得注意的是，它也可能欺瞞我們，使我們誤入陷阱。

當有人讚美你「你真了不起」或「你很美麗時」，就該提高警覺了。若信以為真而得意忘形，會於不知不覺中產生傲慢之心，待發覺事實時大都為時已晚，業已受到對手以及自己的傷害了。

猶如《論語》「巧言令色鮮矣仁」及「信言不美、美言不信」所揭示的，甜言蜜語有百害而無一利，它不過是想粉飾事實、矇騙我們罷了。

又如「良藥苦口」般，真實的語言總是逆耳的。

以甜言蜜語哄騙他人是椿惡行，但被人哄騙亦是一項錯誤。

法然上人聽說當時的人甚受走偏鋒的佛教俗說所惑，深恐佛教遭到誤解，便於一二〇四年在京都東山的吉水寫下「七箇條制誡」，嚴厲訓示徒弟「勿言說佛之教示所無者，而應闡揚師父之說法」。

也就是不宜以佛教之名而傷其名。我們實應對自己所說的話負起全責，每說一言一語都要戒慎小心。

不憑藉親身體驗而人云亦云，如何能說出真實之語？未曾表明自己的信仰，卻冠冕堂皇地大言不慚，無異於一種騙行。

已故的禪僧澤木興道絕不會說「可能如此、這樣也可以、也可以如此解釋」等不確定的字眼，而總是肯定地說「對，就是這樣，此外無他」等。

澤木老師有次在講說義理後說：「今天我說的全是假話，哈哈哈哈！」他縱聲大笑地離開講堂，聽眾們頓時目瞪口呆。對於一字不敢遺漏地傾聽老師演講的聽眾來說，偶爾來段「全是假話」，未嘗不是逼使他們自我檢討的好方法。

經常說些無關宏旨的漂亮話，日久勢必喪失正常的人類感覺，解救之道唯賴徹底追究他們的話語，使他們養成口吐真言的習慣。

大家說真話，本音的世界才得開展，如此自己的真實之心也才能和對方的真實之心感應交流，達到「唯佛與佛」（佛與自己成為一體）的境地。此時即使互不交談，卻能以眼傳話相互溝通。

72 給缺乏服務精神的人

有道德者使眾人樂，無道德者以己身為樂。能使眾人樂，則長；只以己身為樂，則亡。

《禪門寶訓集》

「我的就是我的，別人的也是我的」，具有獨占心態的人罕能將一己之物佈施與人。

例如，搭乘公車時爭先恐後地搶位子，就是缺乏施予精神的證據。若人人都自認最可愛、最偉大，便會毫不容情地想搶先獲得快樂和利益，致使先發制人的強者佔盡上風，而動作遲緩的弱者飽嚐損失。如此一來，奢談什麼服務精神呢？

然而大家競逐名利，這世間的爭鬥如何能了？

有天釋迦沿街托缽，一名農夫靠近來說：「我們都是靠著耘土、播種，獲得食物。你也應當靠著耕耘播種獲取食物才對呀！」

釋迦淡淡地回答：「沒錯，我也在耕種。我耘土、播種，然後收割獲得食物。」

農夫不解他話中的含意，又詰問：「可是我從來沒見你耘土播種。你的犁在哪兒？牛在哪兒？播的是什麼種子？」

這名農夫顯然是認定，人必需實際上勞動肉體，生產收穫物，才有權利獲取食物；而靠人施捨過活的是不勞而獲的人，沒有權利得到食物。

據《雜阿含經》記載，釋迦曾以如下的詩文對此作補充說明：

「智慧是我的耕犁，誠信是我所播的種子，藉身口意除惡業，就好比在田裡除草，精進是我所牽的牛，牠既不因行事而退縮，也不因行事而悲傷，牠將我引到安詳境地。我就是這樣耕田，所獲得的則是甘露之果。人唯有這樣耕種，才能解脫一切苦厄。」

常有人認為不會生產有形的物質者，不配得到食物也不具服務精神；可是例如教師、律師、醫生、商人乃至棒球選手、司機等，也未產出有形的物質，那麼他們也不配獲得食物嗎？實際上，他們也以無形的技術服務社會呀！猶如釋迦，便處心積慮想藉自己的言行使世人獲致幸福。

《涅槃經》（十三）記載有犧牲己身、傳揚佛之教示而著名的雪山童子的故事。某天，正在修行的雪山童子於山中步行，突然出現了食人鬼（羅剎），他大唱「諸行無常、是生滅法」。童子聽到這幾句頗能揭露現世狀態的言詞，十分感動，期待著接下的字句。但他左等右等都沒有下文，便對羅剎建議：

「我將自己的身體獻給你，請你將下文說與我聽吧！」

羅剎於是說：「生滅滅已。寂滅為樂。」

童子將這幾句話刻在樹上，供作後人自我修行的依據，然後說：「好，我遵守約定，將我的身體獻給你。」跟著從崖上朝羅剎躍去。

在那一剎那，五色的雲承托住童子的身體，鬼變成佛的形貌消失了。

所謂諸行無常，是指一切有形象者皆不恆常；是生滅法，意指有生必有滅；生滅滅已，指越越生滅；寂滅為樂，則指在極樂世界靜靜休憩。

最後，期待我們中之有智慧者要以智慧，無智慧者要以力量，無力量者以財貨，無財貨者要以技術，無技術者要以言語，無言語者要以微笑，不能微笑者要以祈禱來佈施他人。

73 給膽怯的人

所謂學佛道，即學自己；學自己，即忘自己；忘自己，即以萬法為證；以萬法為證，即超脫自己身心與他己身心。

《道元・正法眼藏・現成公案》

每逢和知名之士或絕世美女、陌生人，或突然得在大眾之前談話時，我們常感緊張，不知將視線投向何處，思緒亦無法集中，總是結結巴巴，不知所云。除了少數豪放大膽的人之外，想必一般人都有此經驗。事後雖想補救，但已無濟於事了。

國人的人際關係十分微妙，例如，洽談生意時，總得先聊聊天，俟氣氛融洽後才提出正題。有部分人在與對方初見面時，不知如何開場白，無法掌握話題，終使商談失敗，日久遂陷於對人恐懼症。

這種人的個性多半是自我意識強烈，對外人有明顯的警戒心。他們捍衛自己的態度，宛如躲在厚殼裡的貝類般，雖可抵禦外亂，守身以求安全；但厚殼卻使牠運動趨緩，終而遭到逮捕。

同理，人類如一味憂慮「怕被取笑、怕被欺騙」，而常處在警戒狀況，動作舉止勢難靈活，終久會受到孤立或遭人厭棄。

這種膽怯者既畏懼別人，又深恐被孤立，故常陷在苦境中，有時即因此而大發牢騷。

可是此中有部分人一旦隸屬某組織或團體，就仗勢著有靠山而發威傲慢起來，企圖偽裝自己並非膽怯者。

武者小路實篤在其隨想集《自畫像》中寫道：

「最傻的莫過於畏懼不該畏懼的人，可是我至今未發覺不膽怯的人。外表看似大膽的人其實也很怯弱、小心翼翼。只不過他們能自己壯膽矇騙自己罷了。」

其實，任誰都是心驚膽跳地過活，既如此，誰也不必怕誰。而且大可不必因有膽怯的情緒而妄自菲薄，或裹足不前不敢充分發揮自己的潛力，否則就太令人抱憾了。

日本劍聖宮本武藏外表看似所向無敵，豪氣干雲的劍客，亦曾為文寫道：

「揮刀下去之處即是地獄，需能捨身才可能獲勝。」

足見在與敵人對陣時，他也是充滿了恐懼，很難將自我完全捨棄。而唯有將自我遺忘而以無心面對對方時，才可能制敵獲勝。

這與道元禪師所說的「萬法為證」以及至道無難禪師所說的「活生生地變成死人，才可能使心自由奔馳」，正好契合。究底而言，我們都是膽怯的人，那就忘了自己的膽怯，不違抗自然地坦率行事吧！

74 給犯罪的人

犯罪而知非，改過得善，罪日消滅，終必得道。《四十二章經》

如果自己因大意而傷人，乃至殺人時，如何是好呢？此外，即使我們斷言「自己絕不至做這種事」無法保證事情永不會發生。

雖然我們沒有犯意，意外卻不時發生。最近一位朋友開車載他的友人，半途發生車禍，朋友平安無事，他的友人卻慘死了。前者內心撞擊之強烈非筆墨所能形容，他不知何以面對後者的雙親，恨自己不能以死抵命。

我目前也在女牢裡擔任講道工作，經我對女囚長期的觀察發現，犯行愈輕者愈缺乏犯罪意識，她們常抱怨「我真倒楣，壞事比我做得多的大有人在，獨獨我被抓，簡直沒道理」。至於殺人犯大都是受不了丈夫或公婆的虐待，才在喪失理智下鑄成大錯，其原因都非常值得同情。

她們都在犯罪後才醒悟到事態嚴重，而投案自首。在服刑期間，她們都深具悔意，經常獨自哭泣，而且天天懺悔。

曾有一位殺死五人的重刑犯在處死之前，於牢房寫下最後的遺書如下：

「一想到我的生命就此終結，有點悲涼；但一想到自己所犯的罪，又覺這是當然的懲罰和償報。面臨刑場的死時，我才覺悟人命是何等尊貴、何等喜事……一想到死在我手下的五個人，沒有留下隻字片語給家人，沒有得到預告就死了，而我卻有時間被裁判，又有死亡的準備，實在是該千恩萬謝了。」

我們縱使力求不行惡，但仍難免有愧對人的時候。有時，反而是那些越堅定地說「我絕不行惡」的人，行為越令人髮指。人活著，不可能永不犯錯。所以，親鸞才一度痛陳：「地獄才是我應該的居所。」

人犯罪後，終生都抹不去這個烙印。不過，悔改卻可以贖罪。日蓮上人在《光日房御書》裡曾說：

「小罪不懺悔，難免惡道；大運之懺悔，則可消罪。」

所謂懺悔，並非只嘴上說說「我不對」或道歉即可。如果道歉後又再犯，便沒什麼意義了。孔子在《論語》中謂：

「過則勿憚改，不二過。」

同樣的過錯只能犯一次，若二度犯過便趨於不正了。懺悔正是我們人生意義的契機，唯有心無旁騖地致力於自己在世上該做的事，才是贖罪之道。工作又工作，勞動又勞動，將自己奉獻給人群社會，方可消弭罪業。

75 給沈溺無聊事的人

人不惡，親近惡人，後必成惡人。《日蓮．最蓮房御返事》

從前釋迦和阿難共同外出，在魚攤前駐足，釋迦命令阿難：

「你去把丟在路上的繩子撿來。」一會兒後，釋迦又叫阿難丟棄那條繩子，囑他嗅一嗅拿繩子的手。阿難說：

「有腥臭味。」

「嗯，綁了有腥味的魚，繩子就有腥臭味；握了那條繩子，手也會留有腥臭味。同理，我們受往來交接的人影響至鉅，他們可能使我們變好或變壞。這點務必要留意。」

釋迦如此訓勉他。這是載於《法句譬喻經》裡的一則故事，如今看來仍發人深省。

放眼近日的電影、報紙、電視、雜誌等，觸目盡是色情和暴力的畫面。其中的犯罪手法詭異、殺人手段殘酷，最值得憂慮的是，未成年人無法識別其虛構性，反而興沖沖地觀看，大眾傳播媒體為達銷售目的，不擇手段地提供此等極盡刺激能事的內容，實在令人扼腕。

據統計，最近未成年人吸食迷幻藥，或暴力、飆車、殺人事件等，在全國各地激增。我們豈容任令這股歪風繼續吹襲？

美國哲學家威廉・霍金斯博士說：「人類具有同化自己注意力以集中目的物的傾向。」

確是一語中的，我們若經常在思索卑劣的行為、注意醜惡的對象，長期浸染在不純淨的環境中，不知不覺地便會被染黑。

俗諺說「近朱者赤，近墨者黑」，縱然一開始是在好奇心的驅使下見聞惡的世界，但這無異是受魔鬼吸引，如未能及時脫身，自己也往往成為「惡人」此即所謂「自業自得」，俟後悔時已不堪回首了。

我偶爾在工作疲憊時，也會翻翻色情或暴力之類的刊物，或觀察較煽情的電視節目，來調整情緒。那些內容確實引人遐思，一迷上之後往往難以收拾，好似染上毒癮一般。

結果隨著時光的流逝，連份內的工作都耽誤了，總得經一段時間後才會赫然醒悟。

我深信釋迦在修行時也常經驗到那種銷魂的魔手的探襲，否則他何以要殷殷告誡徒弟們「遠離惡，接近善」。

人與人之間的交際亦同，經常與惡友往來，日久亦會習染惡習。俗話說「物以類聚」，也許我們本身即帶有吸引惡質的條件，所以容易和惡結合。為阻斷這種惡緣，個人需有堅強的決斷力，《大莊嚴經論》有謂：

「近有智之善友，身心內外皆清淨。此謂真實之大丈夫。」

常常浸濡於善裡頭，不知不覺中必然受感化。

實際上，世間很難儼然區隔善或惡的朋友。不過，人都具有向上無限昇華的可能性，我們應積極接近能使我們的能力充分展現的朋友，和他們共享生的喜悅。

76 給易受誘惑的人

汝等比丘，執著意謂為惡魔所縛；無執著，始可解脫惡。《相應部經典》

有人以厚利或地位相誘時，若信以為真而附從，難免要墮落不可自拔的深淵。類似這樣的誘惑到處伸張著魔手，如個人根性不夠堅強，常易上當招致悔苦。引人入彀的甜言蜜語，常使我們在舒暢之餘錯覺人生將更快樂、更有利、更有意義。

然而猶如美麗的玫瑰花渾身帶刺般，甜語之中必然暗藏著陷阱。世間畢竟有公道，縱然一時地能盜人耳目獲得暴利，但事跡遲早會敗露而須付出慘痛的代價。

被誘惑的魔手攫獲的實例不勝枚舉，其所付出的代價有時是整個寶貴的生命。例如，某公司負責人因一時為色所誘，誤中仙人跳，而付出龐大的遮羞費；又如某青年一時想求快，便抄捷徑而在平交道上被火車撞死等，在在說明不守分際所造成的惡果。

釋迦開悟後，有天到街上托缽，當時正逢祭典，沒有人注意到他。因此，也沒有人供養他食物。他空手而回，半途中惡魔出現對他說：「你再到街上去吧，會有人供養你的。」

釋迦答：「即使不能得到什麼，你瞧，我依舊是喜樂的。猶如光音天般，我吃的是喜悅。」遂拒斥了惡魔的誘惑。

此外，惡魔亦曾向釋迦遊說，如欲弘揚佛教須作政治的改革，因而願意給予釋迦權力。當時釋迦也斥退誘惑：「化雪山為黃金，再加以兩倍，也難滿足一個人的慾望，人們須知，行止務須端正。」

釋迦就因為能夠不為誘惑所迷，故終能開悟。

某天釋迦的徒弟拉德問：「我們常說惡魔惡魔，到底惡魔是什麼?」

釋迦答：「色（受想行識）即惡魔。拉德，須有此觀念，遠離色方可解脫。」

所謂「色」，可稱為自我意識，人類的慾望不僅只是物質的或經濟的，還包括名譽慾、權力慾、食慾、性慾、睡眠慾等，可謂無窮無盡，如在自我實現的驅使下而想膨脹這些慾望，內心即會意識到擬人化的惡魔存在，並受其誘惑。

故被慾望（佛教裡稱為無明，基督教則稱之原罪）羈絆，未能脫身，就形同遭惡魔支配，將喪失人性。

唯在此特須注意的是，並非慾望即惡魔。慾望本身是無記（無色透明），它之是有益或有害，全賴我們的態度而定。

其情形恰如火一般，由於有火，我們的家庭才得以照明、烹飪、加工、保溫、消毒等，所以，火是文明生活不可或缺的必需品；但同樣是火，若用法不當，卻可能引發火災，在瞬間將一切付之一炬。故其本身雖是無忌，卻因我們的使用方法而被決定為良因或惡因。

食慾和性慾亦然，這些慾望本身並無善惡，使用得法則有益身體的發展和子孫的繁榮；否則即會造成消化不良、有害肉體。欲擺脫慾望並不簡單，可是要善用或惡用卻完全以我們為主體，因此，我們務須確立此一主體性，使變為惡因的過度慾望導向良因。

有慾望升起時，應設法去驅使它，而不是毫無抗拒地被它支配。

77 給知交難尋的人

交友有三要法。一、見有過失則予曉諫；二、見有好事則由衷隨喜；三、見有苦厄則不捨棄。《因果經》

「我對他那麼好，他為什麼不喜歡我呢？」想必不少人有此感嘆。

人人都打從心底希望受歡迎，但現實上往往事與願違。尤其部分年輕人常因「我的朋友總能和女孩子約會逛街，可是我為什麼總不受女孩青睞呢？」而悲觀、羨慕、嫉妒。

一般而言，受人歡迎者都具備以下的條件，即誠實、明朗、機敏、謙虛、壯健、明晰、擅於傾聽、忠實、有禮、大方、勤勉、豪放、率直、有幽默感、熱忱、熱情、體貼、溫和、富才氣、容姿美好以及有智慧。

至於被人嫌惡者大都偽善、陰險、遲鈍、傲慢、病弱、自我中心、自大、疑心深重、小氣、凡庸、頑固、好色、無聊、好勝、冷漠、心機重重、邋遢、愛慕虛榮、容貌醜陋等。

由此可知，想作個受人歡迎的人，只要充實前者，改善後者即可。

日本東京大學法學系教授穗積重造說：「人之為人，在於人與人之結合。」不過，基於利害關係而結交的多屬酒肉朋友，殊少能同甘共苦。

誠如古語所說：「順境交友，逆境試友。」

要犧牲自我奉獻對方時，拔腿就跑置友人於不顧者比比皆是。話雖如此，我們為了尋找談話對象，卻又忍不住打電話、寫信邀請朋友前來，或逕去找朋友，足見我們都難耐孤獨。

不過社會上仍有人較受歡迎，朋友滿天下；有些人則否。前者較親切，和朋友間容易互具好感。後者則適得其反，不易和人親近。具有和人相互趨避的傾向。

另外，較神經質、軟弱、內向的人。則因自己較難和人相容，所以，總是使自己遠遠地避開人群。而自我顯示慾強烈、好勝的人，由於較外向且堅持己見，所以，人們都對其敬而遠之。後面這兩種人也不易交到朋友。

想獲得知交密友，向來是難上加難，中國有句古語：「藝同者相妒，道同者相愛。」足見凡堅持我慾，或想利用對方者，都將交不到知己。

此種人不過是基於利用價值，相互佯裝親密，俟價值消失後自然各分西東。真正的友誼只有在能隨時義無反顧地為對方犧牲的人中間，才可能萌芽。

日本奈良時代有鑑貞和尚傳入的《四分律》，其中載明：

「予難予之物，行難行之事，忍難之事；語密事，不將密事語他人；遭苦不捨，貧賤亦不輕視。能具此七條件者，是為知交。」

《戰國策・中山策》說：「同慾者相憎，同憂者相親。」即說明慾望相同的人，會因競爭而互相憎恨；憂患相同的人，因有共同的處境而相互親近。

雖然獲得知交是至難的事，但世上並非無知交存在。

如常受朋友辜負，又苦於結交不到知己，則寧可求助於神佛。存在於精神上的神佛絕不至於離棄我們，祂時而溫暖地、時而嚴厲地伴隨著我們。

《大度智論》（九）有謂「佛唯為我而說法，並非為其他人」。

親鸞在《歎異抄》中亦謂「推敲彌陀五劫四惟之願，發覺其乃獨為我親鸞而作」。

一休禪師的詩句「釋迦、達摩、阿羅漢，皆為我一人說法」。

以上在在表示神佛都是為自己而存在。如能以神佛為至友，那麼，即使在世上找不到知交亦了無寂寞，因為我們隨時能以心去接觸祂。有了神佛作後盾，我們將能安住在世間。

78 給不能行善的人

善人易行善，惡人難行善；惡人易行惡，善人難行惡。《自說經》

《本生經》裡有則「月亮與兔子」的故事。

昔時，狐狸、猴子和兔子在一起玩，有個飢腸轆轆的旅人走過來。三隻動物都非常憐憫地去為他尋找食物，狐狸和猴子帶著很多食物回來，只有兔子空手而歸。結果兔子縱身躍入火中，將己身獻給了旅人。變化為佛形的旅人讚美兔子的善心，遂將牠送往月世界。這則故事就此流傳下來。

在這故事裡所強調的是兔子的善行，狐狸和猴子的善行則未受重視。可是如以攜帶食物回來為價值基準，則狐狸和猴子又遠甚於兔子。此處值得我們深思的，並非所奉獻的是何物，而是奉獻的方式。

釋迦在世時，難陀有位老婆婆渴望向釋迦供養東西，但她因太貧寒，拿不出東西。有一天她想到要供養燈火，便到油店買油，老闆問：

「看來妳窮得三餐不繼，為什麼不將買油的錢拿來買食物呢？」

老婆婆回答：「我一生貧困，從未供養過什麼。我很想在所剩無幾的歲月中，無論如何作次供養，所以才來買油。」

老婆婆於是拿著油到釋迦那兒，供養他燈火。當夜，城下吹起強風，其他的燈火全熄了，只有老婆婆的仍煌煌燃燒著，釋迦的徒弟覺得很奇怪，便問何以如此，釋迦答：

「她的供養雖很微少，卻是一本衷誠啊！」

以上是《阿闍世王授決經》中的一則故事，其中也強調精神上的佈施勝於物質的佈施。

自我顯示慾強烈且貪慕虛榮的人，在相關人士面前擅長扮演如善人般的角色；但在私底下卻投閒置散或做盡惡事。正是為了掩飾惡行，他們才佯裝行善。想必釋迦深曉具此種性格的人，非一朝一夕能改過遷善，故一度對徒弟們說：

「背負乾草想平安無事地穿越猛火，十分困難；可是，要讓又自私又自我的人接受教示，更難哪！」

《法句經》（六四）中亦記載：「愚者終生服侍賢者，卻不知法，如匙之浸於容器而不識滋味。」

顯然，猶如匙和美味接觸不能辨識其滋味般，愚者終生都無法領略教示。

可是，一位愚者是否永遠無法獲得解救呢？不然。凡不以善人自居，且能覺知到自己的蠢笨，而兢兢業業克盡職守的人，終能得到拯救。

79 給常遭誤解的人

人，理明則無瞋。理昏則發瞋。大凡瞋生於違、息於隨。《白隱・瞋之銘》

一位寡婦非常外向，常外出遊玩，因而引來行為不檢的非議，後來連出門購物都小心翼翼，也和鄰居慢慢疏遠了。像這樣被以懷疑的眼光看待，常使人氣悶、暗泣。

當釋迦和徒弟阿難滯留在喀山毘時，對釋迦懷著恨意的人收買了城人，到處宣揚釋迦的不是。阿難便向釋迦建議：「留在這城裡沒什麼意思，我們往其他城市去吧！」釋迦說：「如我們所到之處又和這城市一樣，那如何是好？」「那就再往其他城市去呀！」釋迦於是勸戒他：

「這不成了惡循環嗎？當我遭受毀謗時總耐著性子，俟毀謗止息時才離開他去。悟道者，不因利害、毀譽褒貶、苦樂等而動搖。畢竟這一切遲早都會成為過去。」

這則故事出自《法句經註》，釋迦這種毅然決然的態度正可和耶穌作一對照。耶穌派他的十二門徒去傳道時，囑咐他們：「你們要為我的，被眾人恨惡，惟有忍耐到底的，必然得救，有人在這城裡逼迫你們，就逃到他城裡去。」

蒙受不白之冤，被非難、中傷、揶揄等，仍能滯留原處隱忍自重的人，在這世上確實少之又少。

才德兼優的日本江戶時代的白隱禪師，在擔任駿州原松蔭寺住持一職時，也曾有不白之冤的遭遇。

那時候，他對門花坊主人的女兒懷孕，主人夫婦嚴厲地逼問她對方是何許人。她隨口說：「我被寺裡的和尚騙誘，拒絕不了他。」兩夫婦怒不可遏地趕往寺裡指責白隱的行為。

禪師只淡淡地反覆說：「是這樣嗎？」後來那女子生下一位男嬰，她父母又到寺裡來談判領養事宜，這回禪師仍笑笑地回答說：「是嗎，是嗎？」

這件事傳開後，引起了喧然大波，禪師每一外出，便被人指指點點、冷眼看待，但他毫不在乎。歲月過得很快，那女子最後受不了良心的苛責，便將事情和盤托出。

原來她有位戀人，孩子就是她和他的結晶，可是她不敢讓雙親知道，只直覺地認為若以和尚來頂罪，他一定能夠諒解，所以就撒了個大謊。

她父母立刻趕去向禪師致歉，這回禪師依舊是微笑地說：「是嗎，是嗎？」

有時我們受到誣賴栽贓卻不能洗脫罪名，只有暗自落淚。不過俗云「無風不起浪，無火不起煙。」如事實上自己的確有不是之處，應即時悔改；如純係不白之冤，則應自我審查態度上是否有欠周延之處，藉此警惕自己謹言慎行，萬勿對人懷著怨懟或憎恨。

80 給目光如豆的人

面對一株樹，觀察其中的一枚紅葉，則漏見了其餘的葉子。然不去凝注一枚葉子，只是無心地瀏覽一株樹，則全部葉子盡入眼簾。《澤庵・不動智》

靠著肉眼、時間、透視和擴大鏡頭，可將各種物體作多角化的觀察，以掌握全體，如不能從多方面視察物體，往往會流於片面之詞。

通常，我們是透過自己的感覺和知覺來眺望外界，再據此作判斷採取行動，我們從早到晚無時無刻不在進行這樣的活動。並且我們亦慣常以自我為中心，來看望外界。

但自我中心的功能並不限於人類，任何低等動物都擁有適應外界條件維護自己、繼續生存下去的意志。可是人類和其他動物相異之處，即在擁有自覺作用。我們具有思索自己存在的自覺作用，也具有過更舒適生活的願望。

在佛教裡，是將產生這種自覺作用的心之窗稱為「五眼」，主張我們都具有五個眼睛，即肉眼、天眼、慧眼、法眼、佛眼。

首先的肉眼，顧名思義就是我們普通觀看物品的眼睛；第二的天眼，是天人所擁有的超越時間和空間，能穿透障壁和黑暗的眼睛；第三的慧眼，是能理解可見的對象物之存在意味的智慧之眼睛；第四的法眼，是了解與周圍全體之連帶關係上所存在之道理、理法的眼睛；第五的佛眼，是如佛般以慈悲心關照一切之眼睛，此即所謂的「觀」，也就是看和被看都無分別的一體化境地。有此五眼，方能充分理知所見到的對象物。

日本江戶時代的劍客反町無格到諸國進行武者修行時，有一天走在順著溪流的山路上，後來他必須渡河到對岸的險地去。那裡有條獨木橋，下面則是萬丈深淵，這位武藝高強的劍客頓時楞住了，他躊躇著不敢過河。此時有位盲人走來，他一面用拐杖撐住，一面毫不在乎地走過了獨木橋。無格見此光景，不禁想：

「我就是因為有了眼睛才感到害怕，好，我閉起眼睛，一定也能走過去！」終於他如盲人般閉著眼一口氣過了河，並越過了山谷。

此時他領會了「有目無眼、無眼有目」的極意，並將其應用於劍道，把自己的流派稱為無眼流。這與宮本武藏在《五輪書》中之「觀目強、見目弱」，正有相通的境地，無格能毫不恐懼地走過獨木橋，足見他使用的不是肉眼，而是佛眼。

欲透徹了解對象物，除須仔細辨別它之外，還須將自己融入對象物之中，使見與被見一體化，才能竟功。

81 給常遭虐待的人

作為惡讐怨敵謾罵我、使我吃苦的，其實皆是菩薩權化的大慈悲，依無量劫來，我見偏執所造成的，乃我身罪業消滅解脫之方便。

《菩薩願行文》

世人的眼光往往十分冷漠，當我們遭逢失敗時，動輒被咎責，無論我們如何否定、辯解，甚或懺悔、反省，世人都無情地看待我們。偶有閃失，便傳聞不斷，使我們怎麼也洗刷不了罪名。在較封閉的地域社會裡，因受不了蜚短流長的重壓而想遠走他鄉或自殺的，大有人在。

我們在獲得讚譽好評時，總竊喜不已；但招致惡評攻訐時，則常憤恨難平。許多人在受到無憑無據的中傷虐待時，甚至會設法報復。

一位友人被暗指為「頗有怪癖」，他對此既不辯白也不否定，因此，謠言滿天飛，大家都對他敬而遠之。但我了解他其實並沒什麼惡癖，而是受到了誤解，再加上他本人向來沈默，所以事態才更趨嚴重。

蓮如上人《御一代記聞書》中謂：「宜將自己的思想開口說出來。避口不談心中的想法，是極其恐怖的。」事實上，光用嘴巴強辯並不是頂好，可是如果沒辦法用言語辯白，至少得以態度來表達誠意。

否則如惡評所言的，變成他人眼中的惡人。不過，也有百口莫辯、說出的真實無人採信的時候。

在一九二〇年代的美國，有二名義大利移民撒柯以及班傑提，成了思想彈壓及人種差別的犧牲品，他們冤枉地被控以強盜殺人罪而遭處決。他們在服刑中曾幾度上訴、申願，可是司法當局並不受理。後來歷經世界大戰，在他們執行死刑二十年後該案再度受審，終使他們獲判無罪，這就是事例之一。

其實，在國內亦不乏類似的刑事事件，然而真實是絕對的，一個人即使終生遭到誤解，真實依舊是真實，總有洗雪污名之日，當我們受誤解、譭譽時，只要內心無愧，大可淡然處之，或將其視為恩寵，懷著感激之情堅強地活下去。

《法華經》裡有則求道者常不輕的故事。他無論身在何處，遇人必合掌說：「我由衷尊敬你，因為不久之後你將是獲得真實幸福的尊貴之身。」

並加以膜拜。可是一般人都難領他這份情，認為有被辱笑之嫌，所以，常怒沖沖地大罵常不輕。然而他從不生氣，仍繼續他的膜拜行為，有些人忍不住便朝他扔石塊瓦片，或用杖棍木棒毆打他。

至此他仍不退縮，依舊說：「我由衷尊敬你。」而依舊不斷膜拜，最後他身心皆達清淨，終能成佛解救迫害他的人。

《經集》中記載：「在惡意的人群中不懷惡意，在手握刀杖的人群中言行溫順，在執著的人群中亦不執著，是謂聖者。」

只要能維持毅然決然的態度，惡魔將自然退散。

82 給言語粗魯的人

不語粗魯之言，唯語道理與真實之言，不以言語觸怒他人者，是乃聖者。《經集》

某位知名的電視節目主持人有一天到咖啡屋去，有群年輕小姐正好在座，一看見進來的是他，有人便不加思索地說：「噢，是你呀，你實際上看起來遜色多了。」於是他回答：「同樣是批評我，但我覺得『你在電視上比較出色』這句話中聽多了。」

有人接到稅務單位的電話通知：「你申報的所得稅有疑點，請來一趟。」

他頓時憤慨地回說：「我又沒做什麼不正當的事，為什麼當我是犯人般呢？真令人反感。為什麼不對我說『你的所得申報有看不懂處，麻煩你前來說明。』」

另外，在美國也曾發生一樁事例。某美國商人因公務赴佛羅里達州，他打電報給留守家中的愛妻，電文為「Having nice time. Wish you were her.」（我此行愉快，但願妳能如她）。他太太看完電文當然大怒，就對不久後返家的丈夫抗議，她丈夫莫名其妙，遂將電文拿來瞧瞧，原來是電報局員誤將「here」打成了「her」。他原來的電文是「Wish you were here.」（但願妳能在此），卻因一字之差，使他遭到了誤解。

數年前，我也曾因一字之差吃過類似苦頭。

當時我為了寺裡的紀念事業，擬將寺內居室的一部份加以增建，雖然縣政府已認可其為寺廟居室，可是因我稱之為「會館」，結果稅捐處將其認定為是作營利事業用，而非供宗教活動用，所以，縣稅捐處便將之以普通建物課以營業用稅。

我立刻加以申訴，最後雖化解了誤會，卻因接受調查數度前往縣政府和縣稅捐處。但我叔父的寺廟搭建同樣的建物時，是取「會堂」而不是「會館」之名，所以毫無困難地就被認定為居室。

僅僅一字之差，課稅的程度便大相逕庭。

佛教用語中，亦曾因一字之違而引發爭論。日本天台宗宗師最澄所遺留的法語中的「照《干》一隅」（照一隅），因部分學者主張應係「照《千》一隅」論爭乃隨之而起。

日本平安時代村上天皇時期，為了《法華經》中「無一不成佛」一節的讀法，天台宗的良源僧正和法相宗的仲算法師，曾在宮中清涼殿當著天皇的面激辯。原來當時的漢字沒有句逗點，無怪乎在讀法上會有違誤。

主張萬人成佛說的良源僧正，將其解讀為「沒有一個不成佛」；但主張五姓個別說，認為凡人（一闡提）不可能成佛的仲算法師，卻將它解讀為「無之一成佛」，與前者的論點完全相反。以經文的脈絡來看，仲算法師的主張過於勉強，可是天皇卻支持他。

前幾天我搭電車到仙台去，車掌查票時鄰坐的乘客遞給他東京都內的短程車票，車掌於是問：「你是故意這麼做的嗎？」

但該乘客不知有什麼誤解，竟怒沖沖地說：「你是指我有眼無珠嗎？你太瞧不起人了。」

另外有一天，我在麵攤和一位陌生女子同席吃午餐，隨後有個外國人進來，坐在她旁邊，以不太流利的日本語說：「我最喜歡坐這兒吃麵。」那位女子頓時面紅耳赤。

有時我們會為小小一句話而爭得臉紅脖子粗、哭笑不得，好似語言有生命一般。

可見言語恰當與否，會影響人的心緒，因此，在開口說話之前務必三思。

83 給受虛象迷妄的人

在眾人裡，到達彼岸者罕有；而在此岸者，只沿岸奔跑而已。《法句經》

此處所謂的「彼岸」，是指開悟之世界，亦即能掌握真實的境地。這是個資訊過多的時代，我們天天所接收到的資訊多不勝數，何者為真，何者為假，很難加以判斷、或作正確選擇，因此常受資訊影響而陷入苦境。

就像這樣，充滿迷妄的人的世界，稱為「此岸」，唯有超越這世界、掌握真實，才可能獲致幸福，此乃佛教的教示。

俗云「溺水者攀草木求生」，當一個人昏昏茫茫，有無法解決的煩惱時，最易聽信他人的說詞而左右搖擺，為求儘快脫離苦惱，也會變得非常敏感脆弱。然而在迷惘的人群中，流言蜚語橫飛，究竟該聽從誰的話呢？

不正確的資訊正充斥在社會上。例如「馬上賺大錢的方法」、「治療不治之症的秘方」、「找到理想配偶的方法」、「克服不景氣的要訣」、「考試、應徵必勝法」……等林林總總。各以報章、雜誌或單行本的型態，強烈地吸引人們的注意力。批八字、相命、卜運勢的相命師大發利市。

或據傳靈芝對治癌有奇效，大家便爭先恐後地購用；或傳聞將有大地震，大家便競相購買攜帶食品或特價品、便宜貨等，連不需用上的化妝品也買了一大堆。

那麼，究應如何才不致被假資訊所迷惑呢？如何才能識別真假、掌握真實呢？

當然，世上並沒有能夠掌握真幸福的特效藥。我們都渴望幸福，但因時代、場所及個人之不同，幸福感和價值感也不盡相同。

事實上，當對方有變化時，評價亦隨之變化的，並不配稱真幸福。就人的立場言，憑幸福感或價值感所判斷的一切對象，可說是虛偽的、假的幸福，而不是真實的幸福。

我們必須有如聖德太子所說：「世間虛假，唯佛是真。」（世上一切現象瞬息萬變，唯有佛是不變的真理）的自覺心，才能不被世上的假幸福所惑，而體驗到真幸福。

但這並不意指應對世上易變化的一切，加以拒絕或拋棄，而是要坦然接受其變化，保持屹立不動的姿態，對自己忠實，對他人誠實，腳踏實地的工作，不欺騙自己或別人，做事不敷衍塞責，共同珍惜這世上的存在，必可獲得真實的幸福。

84 給冷漠看待動物生命的人

彼等與我同樣，我亦與彼等同樣，好比珍惜己身般，未可隨便殺生。也未可讓他人殺生。《經集》

從前佛教的修行僧要赴諸國行腳時，常攜帶錫杖，一面敲打地面發出響聲，一面緩緩而行，這是根據不踩踏足下的蟲類，讓其事前逃命的精神而來的。

那麼最近的情況如何呢？隨著人智的開發，人類對動物乃至蟲類的一切，只要於己有利者便用之，於己不利者便驅除之。尤其開發自然進步至此程度的今日，不少動物已瀕臨絕跡滅種。

通常我們是將以農作物或木葉維生的蟲類稱為害蟲，然其實這名稱是人類武斷的產物。猶如人類之必得食肉一般，蟲類也是為了生存而吃食。就害蟲的立場來說，將牠們毫不客氣撲殺的人類，才是可惡至極。

美國文化人類學者佛羅倫斯．克拉克富博士曾以歷史角度概觀人類對待自然的態度，而指摘出人類是依㈠隨順自然、㈡調和自然、㈢征服自然等三階段發展的。在西方，自古即有很多人為征服自然而向其挑戰，隨著近代文明的發達，此種情形更擴及於全世界，例如日本，就已被冠上公害先進國的醜名。

我們實應徹底體認，人類是與自然共生於地球上的。西方人的概念普遍認為，人類之外的自然和動物是隸屬於人類的；可是東方人卻較傾向於認為，人類是與自然調和的。

至於人類和動物間的關係，西方人是保護動物；東方人是愛護動物，因為東方人主張動物與人類皆同屬自然界的成員。

就是基於這原由，在日本自古於犧牲動物之後，必舉行畜魂祭；縫針不能再使用時，便進行針的供養，以上兩者都是將動物和針視為生命加以祭祀的嚴肅儀式。

另外，到有修行僧的僧堂去，則有採行所謂「生飯」的習慣，也就是在進餐時從飯鍋分出些許飯，另裝在容器裡，置於屋簷下，這習慣是本諸供鳥類飛來食用的慈悲心所造成的。

此外，還有所謂「半杓水」的習慣，就是不浪費滴水，未用完的水又倒回井裡。像這樣風雅的習慣和對待事物的態度，於今的我們都已然失落了。

佛教裡有「不殺生」之說，這不但只意指不殺有生命者，也意味對生命的深刻珍惜。他們並不認為所到手的就是自己的所有物，故可隨己意生殺與奪；而是主張所獲得的乃天下之共有物，到手之物須能有效使用才可顯出作用，若一味死藏則徒勞無益，形同殺之。

現代人似乎無法擺脫高度經濟成長時代的惡劣影響，任意囤積食品或物品不曾使用即行扔棄的現象隨處可見，雖然刺激消費有助經濟的蓬勃發展，卻也會助長浪費歪風，戕害人類的心靈，商品雖由消費者購買，可是如不曾有效利用便捨棄，即是所謂的暴殄天物。

就時間來說，情形亦然。若不遵守約定的時間或爽約，便浪費了當事人雙方的時間，容易成為糾紛摩擦的起因。「歲月不待人」，時光流逝得很快，轉眼即成過去的時間永無回頭之可能，因此，我們應該更有效地使用時間。

85 給懷著憎恨的人

敵意不能鎮壓敵意，放棄敵意方可消弭敵意。此乃古今通則。

《中部經典》

從前，印度有個長災王，他和鄰國的普拉夫馬達王作戰敗北，在刑場被處死行將斷氣時，囑咐他的兒子說：「長，未可見太久；短，不急。恨，唯有不恨才能止息。」王子後來被釋放而得以死裡逃生，他為了報父被殺之仇，便化身接近普拉夫馬達王，並贏得他的信任。

有一天，國王帶領家臣去狩獵，在山野間東奔西跑，最後疲憊不堪地躺在這位青年的大腿上睡著了，王子拔刀想報父仇，他將刀按住國王的頸部，突然想起父親的遺言，不禁躊躇起來，俄頃國王醒來了，他終於沒能下手，遂將過去的一切坦陳出來。

國王聽罷長災王的遺言十分感動，不僅向王子致歉，還將領地還給他，和他達成和解。

所謂「長，未可見太久」，就是不宜持續懷恨之意。所謂「短，不急」，就是不可因氣短而損害友情之意。

以上故事載於《律藏大品》中，同樣的故事也曾發生在日本。

淨土宗的開祖法然上人，在幼少年時期，他的父親漆間時國和明石源內定明不睦，不意竟於夜間遭對方偷襲，時國臨終之際也對他的兒子交代：

「萬勿要報仇。此乃前世宿緣，汝憎殺敵人，敵子復加刃於汝，此仇生生世世不滅，莫如超俗祭祀我之菩提，方得解脫。」

當年在舊金山對日談和會議席上，伊斯蘭卡財政部長焦爾迪納曾引用《法句經》的一節：「依靠恨，恨不消；恨，唯無恨能滅之。」想必大家記憶猶新。

古詩云：「憎未可回憎；憎，會被憎憎，如此永不停歇。」懷恨他人，絕非解決事情的辦法。無論哪一方不對，如雙方皆懷著恨意，企想復仇，恨便形成惡性循環而有增無減。因此，愈快斷斷恨意，心靈愈安寧。

昔時，有名男子因對人懷恨，心靈日日不寧，而漸漸瘦弱下來。有個朋友問他：「你怎麼愈來愈瘦呢？」

「坦白說，有人中傷我，我沒法報一劍之仇，煩惱啊！」

這友人就說：「我可以提供你一個洩恨的方法，向對方施用吠陀羅的鬼咒，能確實報復他。」

「那麼，請你教我這個咒術吧！」

「我當然可以教你，但在你施咒之前，你得先死，你願意嗎？」

「只要能洩心中之恨，我願意死。」

像這樣，懷恨的結果使雙方俱毀。以上是引自《百喻經》裡的故事，值得我們深思。

日本知名的詩人齊藤茂吉也是一位精神病醫生，有次來了個傲慢無比的德國女人住院，聽說她在診察中辱罵他、毆打他又賞他耳光。他雖然非常憤怒，卻只能打不還手、罵不還口，滿肚子的不甘也只能強忍下來，直到夜深人靜後，他躺在床上幻想用掃帚柄痛揍他，才終能入眠。可見不須直接向當事者報仇，而改以其他無害的代償行為來轉化憤恨，也不失為平息憎恨的良策。

我們若遭欺負打壓，不應一味渴求報復，否則冤冤相報何時能了?放寬胸懷退讓一步，自能海闊天空。《傳光錄》有謂：「有人憎惡你，切勿怨人；有人毀謗你，切勿咎之；你應敬禮他們，絕不可厭惡之。」《證道歌》裡亦云：「他人謗你。你不理；他人指責你，你不理。則他們好似起火燒天，徒勞而自疲；將惡言視為功德，足見你有善知識。」

以上引述的都可作為懷恨他人時的一種警戒。

當我們遭受惡劣的對待時，應告訴自己無論多銳利的刀，都是經過刀匠燒、敲打才造成的；因此一直到讓對方感覺滿意為止，務須忍氣吞聲。

詩人山村暮鳥就曾寫下：「打吧!這會使我更強壯」的詩句。的確，我們無論陷入何等苦境，都比死之苦猶勝一籌，思及此我們都該覺得慶幸了，何不將苦難當作上天給予自己的試煉，而以感恩的心情接受。

86 給執著眼前慾望的人

佛曰：財色之於人，譬如小兒欲貪舔刀刃上之甜蜜般，食之覺美味不足，復有截舌之患。《四十二章經》

昔時，中國唐徽宗行幸到揚子江畔蘇州的金山寺，他登樓俯視揚子江上來來往往的船隻，問該寺的住持黃伯禪師說：

「那麼多的船。數目到底有多少？」

禪師立刻回以：「兩隻。」皇帝便問他什麼意思，他答：「一為名聞之船，二為利養之船。」

亦即在無數的船隻中，不外乎競求名譽和利益的船罷了。放眼看看今日鬧街上的人群或道路上壅塞的車群，何異於揚子江上的船隻呢？

前面所引經文在警惕我們，只追求利益和色慾而遺忘自己，好似小孩舔食刀刃上的甜蜜般，輕則刀刃傷舌，重則有滅身之虞。

以下引述《大莊嚴論經》（十五）中一則有關貪得無厭的老婆婆的故事。

昔時，釋迦住在舍衛國祇園精舍時，一位老婆婆揹著裝滿了酒的瓶子過來。她沿路津津有味地吃著答麻林度的甜果實，不久覺舌乾口燥，就到附近人家的井邊，請求女主人給她一杯水喝。由於她吃的答麻林度的甜味尚餘留在嘴裡，所以覺得那水如蜜一般甜，她很感激，便問：

「啊，好甜！太太，能不能用我的酒交換妳的水？」

女主人聽了這位好奇的老婆婆的話，就答說：「好啊！」於是拿水和她交換。

老婆婆帶著水瓶回家，馬上又喝那甘甜的水，結果水平淡無味，她以為是自己的舌頭有問題，又再飲了幾次，仍未感覺有何味道，因此她喚來親族知己試飲，沒有一個人認為那水有特別之處。他們紛紛勸他：

「老婆婆，妳喝了如此不潔淨的水，有傷身體喲。到底妳是從哪兒弄這些水呢？」

至此老婆婆才恍然大悟，原來是因自己吃了答麻林度的甜果實再喝水，方誤以為水是甜的，她非常懊惱竟將酒白白送給了人家。

在這世界上，類似這樣因執著於一時貪慾和錯覺，而蒙受重大損失的，大有人在。金光黨之能詐騙成功，即利用人的「貪」慾。

此外，釋迦在舍衛國祇園精舍向眾人說法時。也提到以下一則故事。

有位住在拘尸那城哈庫洛拉村的年輕人修卡巴達，他的家族世世代代多金富裕，到了他這一代才家道中落。由於感到悲涼落寞，他便離開傷心的故鄉到國外去，終生奮鬥的結果，終於積蓄了大筆財寶而衣錦還鄉。

親族朋友聽到他榮歸的消息，爭先湧到村口想迎接他，他獲知這種情形，便故意穿成寒酸狀站到人群最前方。親族們都沒有發現到他，交相問：

「那位賺了大筆錢財的修卡巴達在哪兒？」

他於是說：「在後頭。」然後從他們當中走過去。

親族們左等右等，都見不到他的影蹤，就問在最後面那個人：「修卡巴達在哪兒？」他回答：「噢，你們是說那長者嗎？那長者就站在這行列的最前面呀！」因此親族轉而詰問他：「我們特地來迎接你，為什麼你站在後方呢？」

他冷淡地說：「想和你們見面的修卡巴達，就坐在後面那隻駱駝的背上。當我清寒時理都不理我的你們，之所以趕著出來迎接，並不是為了我，而是為了我所賺得的財寶，我的財寶就裝在駱駝的背上。」

以上故事引自《大莊嚴論經》（十五）。

87 給遭受背叛的人

芭蕉結果而倒，竹和蘆亦然。
驢馬產子而死，惡人為名利
而亡。《雜一阿含經》

被全盤信賴的人所背叛，內心的痛苦當然不在話下。在基督教裡，耶穌的十二門徒中就有個加略人猶他，為了獲得賞金而背叛耶穌，向祭司長出賣耶穌的故事（馬太二六．一四～一六）。

在佛教方面，釋迦在世當時，他的徒弟中也有人背叛他。詳情見於《雜一阿含經》（四七）中，有關釋迦的堂兄提婆背叛他的記載。

提婆非常嫉妒釋迦的名聲，企圖殺害他，但都不能如願，而他也一直不肯改過遷善。有一天，尼僧法施好心勸告他，他卻回以「妳少管閒事」，並將她殺害。

因惡行重重，提婆後來終於受不了良心的苛責而臥病床榻，每日在痛苦中掙扎，為了減輕痛苦，他乘轎到釋迦那兒，希望能夠悔罪。但轎一著地忽從大地吹起大火風，他周身起火，活生生地落入阿鼻地獄。

見此光景，默茲喀拉那對釋迦說：「我想營救提婆。」

釋迦說：「那太好了！可是你得注意，須以正心說教。要使惡人改心，比在枯木上雕刻更難。」

默茲喀拉邦立刻去到提婆處，詢問他的苦境。他哀哀求饒：

「我的痛苦猶如鐵輪壓身、鐵杵打身體，又如遭黑象踐踏或臉孔沒入火山之中。請快快救我吧！」

默茲喀拉那說：「皈依佛，你必得救。」

結果提婆的痛苦頓時消失無蹤，他深悟到自己的罪業，乃一心悔改。

值得特別一提的是，以基督教的立場而言，人若不悔改，作了背叛神的行為時，在最後的審判將被定罪，落入萬劫不復的地獄，永遠不會得到拯救。所以當猶他見到耶穌被定罪，內心覺得後悔想將賞金還予祭司長時，祭司長只回答他：「這我們不知道，你自行處理吧！」以致猶他投繯而死（馬太二七．三～一〇）。

反觀提婆，卻因悔改而獲救。雖兩者的結局有天壤之別，但這正顯示有人群的地方，就有背叛者存在。背叛的行為總是令人髮指、唾棄，然而更不能輕忽的是，我們有時必須犧牲少數異端份子，否則即無法發揮團隊精神的事實。

如遭人背叛，首應指責自己過於信任對方，而充分檢討其中的原因。

第五章　覺知每天的價值

88 給自我嫌惡的人

愚中之極愚，狂中之極狂，塵禿有情，底下最澄，上違諸佛，中背皇法，下闕孝禮。《最澄．發願文》

「老師，我看破了一切。朋友、父母兄弟都瞧不起我，工作又不順利，不知往後如何過日，一點夢想和希望都沒有。」有名學生這樣告白。

他看來鬱鬱寡歡，令人心生同情。其實，類似的不安人人都經驗過，通常此時我們也會訴苦「人生絕望」或「生不如死」。

不過仔細體察這時人們的心理，大體上並非覺得如此無望，只是期望能有旁人陪伴、肯定其存在價值、幫忙擺脫他的自卑感罷了。

放眼看看周遭，盡是庸庸碌碌的人。文藝評論家大宅壯一說：「人很狡詐，殺人致死還會前往弔唁。」一語道破許多人確是背地裡惡逆無道，表面上卻裝得慈心善目。

他們對於強者或上司卑恭屈節，對於弱者或後輩卻頤指氣使。表面上言語動聽，私下卻設陷害人。遇有危險時拔腿就跑，完全不覺良心之苛責。

我們不但在精神上醜陋不堪，其實在肉體上也沒什麼美感存在。想想看，我們天天都少不了排泄作用，死後即腐敗發臭，何美之有。

作家武田泰淳在其作品《我內在的地獄》裡曾寫道：「母親氣絕後的十五分鐘裡，我為她更換衣服，看到了她的裸體，當然也見到了她的下半身。此時我不禁自忖，人到底是什麼？而人與人的關係到底又是什麼？我忍不住不寒而慄。」

愈自負、愈自以為了不起的人，愈是偽善者，愈想文飾自己的表面。但我們頂多是受其欺騙而已，並不致因其所呈現的「美」而受感動。反而是不怕醜，凝視醜，超越醜之後，會體驗到真正的美。

天台宗的開山祖師最澄，十九歲時出家受二百五十戒，他竭盡所能想守戒，始終不能做到，後來為了徹底進行自我省察，遂在如今的比叡山東塔北谷附近搭建草庵，修行了一年半，此後即寫下本文一開始所引的經文，最澄懺悔自己本身說：

「我是愚人中最愚的人，狂人中最狂的人，而且我是如此卑劣細微的人，不但背叛諸佛的教示，偏離天皇規定的法條，又欠缺為人子應有的孝禮。」

他充滿苦澀的自我省察，和聖經《羅馬書》三．一〇—一二中保羅所說的：「沒有義人，連一個也沒有，沒有明白的，沒有尋求神的，都是偏離正路，一同變為無用。沒有行善的，連一個也沒有。」頗有共通之處。

很多宗教界的偉人並未曾逃避自己的醜陋和痛苦，但他們不間斷地凝視自己的內在，終使言行真摯誠懇，而受到後人的尊崇仰慕。

這些偉人和凡人不同之處，在於他們不但正視包括自己在內的人間的醜陋，並且無畏地墜落至難以自拔的深淵，藉此掌握真實的平靜。他們絕不寵溺自己，也不泣訴「對人生絕望」，更不會起意依賴別人或拒作徹底的自我反省。唯有徹底地挖掘出自己醜陋的部分，並加以懺悔，才能獲得真正的平靜。

可是凡人不但不肯呈顯自己的醜陋，反而想加以掩飾，結果愈會受自卑感所困擾，不得不以卑屈的態度在人生的暗街上踽踽獨行。

當受到自我嫌惡或自卑感所襲擾時，應體認人們原本就有此缺點，而且人原本就是醜陋的，藉此安慰自己、鼓勵自己，重新思考人生和生活的方式。

古詩云：「抬頭看是滿天繁星，低頭看一顆星星都沒有。」別忘了不僅自己會自我嫌惡或陷於自卑感，比我們有更強烈的此等感受的，尚大有人在哩！

每當我也陷入這種不愉快的感受中時，我就會想想那些沒有手腳的殘障者，或在印度貧民窟裡過著比動物不如的悲慘生活的人，或是那些想外出而不得的牢獄裡的囚犯，藉此認識到自己所處環境之美之好，而心懷滿足。

89 給缺少使命感的人

一切眾生同一之苦，悉是日蓮一人之苦也。
《日蓮・諫曉八幡抄》

保持健康、家庭美滿、工作順利，肉體上、精神上和經濟上都無憂無慮，每天過著幸福的日子，是人人都渴望的，但能如願者幾稀？

有時我們難免為病魔所襲，或家庭起風波，或因經濟不景氣而在商場失利，或隨年齡而日日萎弱、喪失鬥志，每天過著茫茫然漫無目標的生活。此時，對刺骨的寒風更覺難以消受，有些人便因而藉酒澆愁。

然而，不管日子如何落魄，我們仍不宜將天賦的生命輕易受周遭環境所埋沒，人生終究有起有伏，不可為了眼前的挫敗而氣餒，而應好好打起精神為了明日的飛躍作準備。

如一味坐待東山再起之日，毫不足取。以下介紹一名能積極轉禍為福的人物。他就是日本的日蓮。

日蓮在幕府的彈壓下被放逐到佐度，二十年期間忍受種種的迫害，但在飢寒交迫下卻不曾或忘在飢饉、疫病和內亂中受苦的民眾，內心總熾燃著濃濃的使命感。前面所引的經文，就是他當時心情的寫照。

當我們擁有「為了……人，我必須……」的使命感時，便會將任何逆境視為試煉，不屈不撓、泰然自若地向種種困難挑戰。

第二次世界大戰中被收容於集中營裡，備受虐待的猶太人心理學者維多·E·法蘭克，在被收容期間眼看同伴們一個個因苦重的勞動和營養失調而斃命，至感痛苦。有一天，他突然想起最心愛的妻子：

「她，如今在何處？她是否也和我一樣吃盡苦頭？如果是這樣，我願代她受苦，再多少倍的苦我都願意承擔。」

思及此，他突然活力大增，以後無論遭受怎麼的酷苛，他都能咬牙渡過。

法蘭克博士於戰後被無罪開釋，他將自己的親身體驗作了如下的敘述：

「她的存在成為我的精神支柱，當一個人能由衷愛某個人，處於完全無己的狀態時，自然能湧出莫大的力量。即使對方在時空上相距甚遠，依舊絲毫不減此種力量的效果。」

美國精神分析學者艾利克．艾利克遜說：「人，必須為某人所需要。」的確，能將自己的一切奉獻給對方，是非常幸福的事。有了能夠奉獻的對象，我們自然會想：

「捨我之外，還有誰能為他做這些呢？我必須為他的幸福設想。」

如此獻身的力量自然勃發。然而，對於愛與被愛都無深刻認知的現代人，期待人人能有此情懷，是不是一種奢望呢？

90 給陷溺戀情的人

年輕人哪，找婦女或找你們自己本身，哪個較重要？《律大品》

昔時，釋迦到優留昆羅去傳道，途中一人坐在森林的樹下休憩，突然發現一群年輕人在森林裡叫叫嚷嚷，左右奔竄。

他們看見釋迦，便走過來問他：「你有沒有見到一個女人經過？」

打聽之下才知原來這三十人中的一人，帶著妓女同來遊玩，她卻趁大家盡情歡樂時偷了年輕人的錢逃之夭夭。他們正想把她找回來。

於是釋迦便以前面所引的經文詰問他們，令他們大吃一驚。年輕人如醍醐灌頂般說：「那當然是找我們自己較重要。」隨後釋迦就向他們闡說人生的意義，他們覺悟到自己日常生活中有許許多多錯誤，乃拜釋迦為師父。

不過，釋迦的眾多徒弟在修行中仍有人無法消除愛慾的火焰，幾乎陷在誘惑中無法自拔。後來，在釋迦的一千二百五十名徒眾中，有一人到街上托缽，行經娼館之前，有個娼妓非常欣賞這修行者，便邀他進入，以豐美的食物供養他。

他食髓知味，其後又數度前去拜訪，不僅為美食所吸引，也被妓女的豐美肉體所魅惑，難以抑制情慾，身心都感到陷溺。

最後修行者說：「我想和如此美麗的妳共同生活。」

妓女聽到他這個願望，便回答：「如果你真正愛我，希望你帶著美食、芬芳的香膏、美麗的花朵和豪華的衣服過來。我就和你一起。」

修行者說：「我身無財產、囊空如洗。所能給妳的只有我的身體罷了。」

妓女十分生氣地說：「像這樣不必本錢的生意，從有人類以來就存在了。你這無恥的傢伙，滾！」

修行者終被趕了出來。

這是《生經》（一）中的故事之一。類似的故事亦見於日本古典文學之一的《今昔物語》中，以下即「以愛情俘虜而致力佛道的故事」。

從前，日本比叡山有位年輕的僧侶，某日到京都的法輪寺祈願。在歸途中，由於暮色漸濃，他便往某民家懇求借宿一夜。他被請進門，其內住著一位美艷的女主人。他當夜輾轉難眠，終於悄悄侵入女主人的寢室，企圖勾引她。女主人說：

「我認為你是非常自重的僧侶，才許你借宿。想來我是看錯人了！」

然後嚴峻拒絕他，僧侶無法如願，十分苦惱。此時那女主人又說：

「你能背誦法華經嗎？如果能，那表示你是位傑出的僧侶，我也就願意接納你。」

僧侶坦承他還背誦不了。於是女主人向他約定：「好，你回寺裡去，等你背熟了再來。到時我就順從你。」

僧侶天一亮即趕回寺裡，專心一志地誦唸法華經。然後又來造訪女主人。

她說：「這應該是機緣吧！盼望日後你能成為不被人背地裡指指點點的高僧。若你在三年期間裡能在山中潛修，那我就屬於你。」

僧侶覺得有理，便致力於修行。就這樣，他靠著化身為美女的法輪寺虛空藏菩薩的引導，終於成為了不起的高僧。

莎士比亞也曾說過：「愛情，有時使野獸變人類，反之，有時也使人類變野獸。」的確，愛情能激發人的鬥志，當人們為它所俘虜，有時會為了愛人做出平常做不到的事。因此，既要作為愛情的俘虜，便應選擇能相互切磋琢磨、提高人生意義、發揚自己本性的對象。

91 給對人生困疲的人

親鸞依從師父指點，一心唸佛，終為彌陀搭救。信之，並實踐之即可。《親鸞・歎異抄》

我們愈想認真地生存，愈會在自己的生涯中碰壁，在痛切地自我反省之餘，難免自問：「我這樣活著有何意義？」而被無力感和自我嫌惡感所襲擊。

如有人敢於自豪說「我從未面臨此種窘境」，則他若非始終活在順境坦途中，就是頭腦有問題。許多人常因不知為什麼目的而活，感到納悶苦惱，工作時充滿疲憊感，其中的苦楚亦不知向誰傾訴，每天都悶悶不樂。

情緒愈低潮，愈會自責，終掉落絕望的深淵，老在「人生無趣、生活無味」的泥沼中打轉。

曾經擔任全日航空公司社長的岡崎嘉太平，亦曾數度面臨類此的困境。他在接受ＮＨＫ「人生讀本」節目的訪問時表示，每當碰壁時他便想像登山的情景，並願以此和聽眾們共勉。他說：

「我曾想像富士山的高峰，而我揹著行囊登山。已攀登到十分之八的高度了，但我疲累至極。走一步喘一口氣，走兩步大喘一口氣，然後停步。我不斷想像自己陷入了此種狀態。我不斷給自己打氣，告訴自己山頂在望了，要加油，加油，勇氣便不斷湧了出來。本人實際去爬山時，也常會因痛苦而想半途折返或休息。此時若能想像有另外一個自己在爬山，他不斷地努力、奮鬥，爬了又爬。那麼無論如何疲憊，也會打起精神，努力加油，再往上爬。」

通常，對人生或工作感到束手無策而陷入絕望狀態，泰半都是起因於不能這樣客觀看待自己所造成的。平日，我們常以自我為中心過日，很少去省視他人，也總是過度相信自己的行為和行動，然而一旦遭遇障礙，就想撒手不管，十足是個虎頭蛇尾的人。

日本室町時代能劇的大成者世阿彌說過：「要懷抱離世之見。」他必然也曾痛切地感到人不但要往外看，還應內視自己。

不過，一般人很難一朝一夕就臻於此一境界。我們平常應養成習慣學習冷靜地看待自己，與另外的一個自己對話，以不同的角度檢視自己，才能免於動輒因挫折而絕望。

親鸞以僧侶之身，卻不守戒律，不僅陷溺於愛慾，又喜歡沽名釣譽，經他深刻地反省後，不禁對如此庸碌的自己深惡痛絕。

於是他的師父法然訓喻他，凡跌落無間地獄，看似無法赦救的人，只需一心唸佛就可獲得阿彌陀佛的拯救。他乃加以「相信」並徹底實踐。

此處所謂的「相信」，意指將自己的一切獻予絕對信仰的佛。

聖保羅也說過：「現在活著的，不再是我，乃是基督在我裡面活著。」（《加拉太書》二—二〇）人如不能捨棄自我，怎可能納受神佛呢？這種情形就好似不先將容器中的東西拿出，便無法放入新的東西一樣。

不要一味厭棄自己，如能把持憐憫自己、笑愛自己的態度，便可和神佛交流。即使不能達到和神佛的交流，也總能客觀地審察自己，突破狹窄的自我世界，不再為微末的個人的事務而苦惱。那樣的境界，並不意味放棄自己，而是更珍惜上天所賦予的生命，產生要更積極活下去的自信和勇氣。

也許諸位會嘲笑此種想法純屬幻想或錯覺，但一個真正苦惱過的人必然能認同，也才知道客觀看待自己本身的重要性。

92 給不知道自己的極限的人

古人皆忍苦耐寒，邊愁邊修行。
《道元・正法眼藏隨聞記》

一位患者腿部化膿，臨手術時醫生說：「如果麻醉，患部就難以辨識，所以我打算替你進行無麻醉手術。」他回說：「好吧，我也要試試自己能忍耐痛苦到什麼程度。」毅然上了手術檯。

他咬牙完成了無麻醉手術，終能順利治好傷口。

數年前，我的肩膀及手的關節部位產生鈣質的膿，稍一移動便痛苦難當，只好到附近的醫院接受整形外科診察。一如前例，僅照射X光不能確知化膿所在，因此醫生提議作無麻醉手術。

在手術檯上，由三名護士緊抓著我，但我難耐激痛，使出渾身力量掙扎，一度困擾了醫生和護士，最後終在我身上起出如鑷子尖端大小的些許膿。當我已經不痛時，望著那小小的膿不禁思索：「就為了這點小東西，我竟吃足了苦頭。」這段經驗我迄今仍記憶猶新。

有人說「病由心生」，的確，因為國家對老人實施免費診察以及保險治療的普及化，所以聽說半數以上的內科患者實際上並沒有大礙，但稍一不適便往醫院報到。他們一意將自己的健康交給醫生的治療和藥物，完全沒想到要靠自己，因而都受到了疾病的操控。我這麼說雖然有點殘酷，可是人有時真的必須嚐試讓自己吃些苦頭。唯有勇於和疾病挑戰，才能克服病魔的入侵。

釋迦在世時有這麼一則故事。有位國王打算在宮殿裡為民眾舉辦一場盛大的宴會。城下有個病人在家屬的攙扶下往宮殿行去，但到半途他已寸步難行，便疲累地坐在樹下休息。

此時帝釋天出現對他說：「我帶你一塊兒到宮殿去。」

病人大喜，便由帝釋天帶著到達宮殿。他看到眼前許多稀世的財寶，起了貪念想得到其中的一個寶瓶。帝釋天拿給他並對他說：

「這寶瓶非常不可思議，你向他要什麼他就會給你什麼，你好好珍惜它吧！」

他馬上拿著寶瓶回家，向族人炫耀它的魔法。病人把諸親友聚集到家裡，大擺筵席，吃吃喝喝，興高采烈地拿著寶瓶狂舞，結果一不小心瓶子墜落地上，他在驚悚之餘酒醒了，將寶瓶的碎片收集起來，想修補黏成原狀，但徒勞無功，他又變成以前那個又病又窮的漢子了。

以上是引自《生經》（五）的一則故事，旨在警戒我們過於依賴寶瓶等的外物或外力，對個人是有損無益的。

言歸正傳，每年夏天在日本京都比叡山，有由佛教傳道協會主辦的二夜三天之實踐布教集會。與會者全體須從凌晨一點由山頂的居士林道場出發，前往山麓的琵琶湖畔之坂本。進行來回二十公里的回峰行。

途中，所有人在一片漆黑的山道上靠著手電筒的光，彎腰彎腿地拼命前行，到九點之後才回到居士林。第二天又重複這一修行。

另有一種修行已在比叡山持續了千年以上。修行者必須在山中所規定的險要分水嶺走上七里半（約三十公里），並在途中的二百五十個地方禮拜，此一修行必須持續一百日不可間斷。

起先的三年，每年各行一百日，此後的第四、第五年則各持續行二百日。總共行了七百日的行者，須在山內的明王堂作九天斷食斷水的修行。第六年的百日行，每天須走十五里路到京都赤山。第七年則繞京都一周，每天二十一里。最後的百日又恢復作七里半的回峰行。總共作一千日的回峰行後，才能被尊稱為「大行滿」。

直到昭和年代，能成就此項修行的僅五人而已。實際上，實踐布教集會二日間的回峰行，不過是為一般人設計的模擬修行罷了。

我並不鼓勵苦行，但卻支持過慣安逸生活的年輕人在一生中至少一次，能對自己的體力和精力作忍耐極限的考驗。曾經一度將自己逼到極限狀況的人，自然能培養出不畏一般苦難的自信和膽識。

逃避人生和現實的人，領會不到真正的安樂；貪圖逸樂的人，享受不到由衷的喜悅。祈望大家都能有此覺悟。

93 給不能立刻動手工作的人

勿追過去，勿慮未來。過去已逝，未來未至。故，對現在所擁有者，仔細觀察吧！

《一夜賢者經》

人人都難免緬懷過去、憧憬未來。過去、現在和未來是一不間斷的過程。然而只有現在確確實實存在，細心思索即知，昨日是今日，明日是今日，今日是今日，後天是今日，未來之日、未來之年等，莫不是現在之連續。

日復一日，在累積「現在」當中，人的一生也告終了。因此，若總是忽視「現在」，勢難渡過一個充實的人生。

我們的生活大體都充斥著工作、進食、會議、應酬等，罕有人覺得自己現在「過得很寧靜」或「樂在工作當中」。

「忙」一字，原是由「心」和「亡」所構成，「忙」即「心亡」，一個人如忙得不可開交，卻又覺得未能充分發揮自己的力量，勢必是對自己的調理出了問題。

例如，孩子請求母親：「媽媽，請幫我弄這個。」母親回答：「我現在很忙，等一下再說吧！」

孩子一心盼望母親協助，母親卻一味推拖逃避。又如我們請工人前來修理東西時，對方雖一口回答：「我知道了。」但鮮少能馬上前來。老是忙得昏頭轉向的人，工作當中常懷想著其他的事，而不能專心一志。

道元禪師在《正法眼藏隨聞記》（五）中說：「放掉萬事，專注學道。莫寄望來日再學。」旨在勸諭我們，該做的事務應馬上動手做。

「被委以上工作應即辦理；吃飯時只管吃、不想其他的事；遊樂時，痛痛快快地遊樂。」

如果不能抱持以上的態度，而只是漫無章法地忙碌，如何能夠自處呢？

我常接獲許多來信，其中不乏須回信者。若心想以後再回信，往往就一拖再拖，甚至最後連原信都散逸了，才在對方的提醒下大悔自己做事糊塗。

例如，有人約稿時，這種情形最常見，只要一有拖延的念頭，就會提不起勁來寫稿而將此事擱置一旁。所以，最近我改變態度，一接到信立即回信；若約稿期限過短，自忖無力完成，便拒絕寫稿。否則事後常賠不是，或在過重的壓力下進行工作，都沒什麼成就感可言。

茶道當中有所謂「一期一會」、「露堂堂」等用語，意指大家能共聚者唯現在這一回而已。

親鸞上人的詩句「明日有明日的心思，好似櫻花，也許夜半吹來一陣風，花兒都謝了」，足可用來警示我們應將現在看成最後的機會，全心全力地去對待所面對的人和事。

94 給心慌意亂的人

志密，行也密；功深，悟也深
《中峰明本・中峰廣錄》

日本人的手指靈活，在國際上已獲致一定的評價。例如鐘錶、電子計算機、錄放影機、電視機、音響等精密機械，日本幾乎獨占了世界大部分的市場。

其之所以如此的理由並不僅是日本人都富於敬業精神，而是以往所培養成的極為細膩周延、在體質上嚴守規律的態度，於精密機械的領域裡也被運用上了。

纖細又靈活的手並非一朝一夕能夠育成，例如書法、珠算、縫紉、烹飪、舞蹈的手勢等，在在都是殫精竭慮努力下的成果。

很遺憾的是，最近受到近代化波濤的衝擊，如此美好的風習已開始式微，身、手等的一切動作都趨於粗陋了。

就以書法為例，其與用鋼筆、原子筆、鉛筆等均等使力的寫字法大不相同，每一字的力道強弱、遲速，皆由揮毫者自由裁量，其與頭腦裡思考文章的速度恰巧一致，因此，書寫者的精神會自然投影在書體中。

至於無法穿針引線、連蘿蔔切成輪狀都感困難的歐美人的手，之所以如此不靈光，都緣於他們事事仰靠機器，手從事的均是粗雜的行為和姿勢所致，然而國人不察，卻以為模仿歐美人才具備近代人的素養，悲矣！

對於細微部分能毫不敷衍地完成，有賴心頭的穩定和精神的集中。當然，僅靠頭腦中的精神統一仍嫌不足。實際上尚需配合端正的手勢。

在此介紹能讓我們氣定神閑的動作。首先，收縮下巴、目光集中於一點、端坐、下腹部使力，調整呼吸，手採合掌姿態，如此心即安定而頭腦開朗。

據有機器人博士雅譽的森政弘表示，我們人類的祖先曾經是四足動物，掌觸大地，肩部約負擔體重的一半左右。在這種狀態下，很難依靠胸部呼吸，而必然得採腹式呼吸。後來，人類以後足立起，前足發展成為手，並能自由使用手來活動，隨著手的頻動亂舞，心也開始紛亂起來。他方面，人類又因學會了胸式呼吸，更使得心難以落實。

所以，光是合掌，就相當於手（前足）著地的狀態，心遂得以穩定下來。例如坐禪、讀經、唸佛等，一切都以腹式呼吸進行，正巧能與合掌相呼應，使人回歸本來的自然狀態。

猶如古諺「慌慌張張的乞丐討到的錢較少」或「欲速則不達」所醒示我們的，過於慌亂求快終難有大成就。

社會愈紛亂愈喧囂，我們更應保持穩重平靜，此外，亦應以臨濟禪師所說「隨處為主」的精神來對應自己。

95 給經常說謊的人

人欲求長生，宜不說謊。說謊，必得費心，為些許事物勞神。人不勞心氣，長命不疑。《夢窗疎石·長壽祕訣》

「說謊是偷竊的出發點」，說謊之為害於此可見。有人以為偶爾說些小謊無所謂，殊不知長此以往，謊言再加上謊言，會如滾雪球般愈演愈大，最後弄得難以收拾、謊言被拆穿，此時想後悔已來不及了。

例如，日本轟動一時的洛克希德事件即如此。

首先，田中角榮前首相在國會證言完全未接受丸紅方面為斡旋全日航空購買洛克希德飛機的代價性政治獻金，但遭到檢方的嚴厲追究。而可能直接接受其獻金的秘書榎本敏夫後來被掌握確證，無法自圓其說，被迫在對上司的忠誠以及真實之間作兩者擇一的選擇，其困境令人記憶猶新。

蒲魯塔克（Plutarch）膾炙人口的名著《英雄傳》中，有如下一段描述。

一個小孩悄悄潛入葡萄園偷摘葡萄時，被主人當場撞見，他趕緊將葡萄藏入衣服中。主人詰問小孩：「你偷採我的葡萄。」

小孩謊稱：「不，我沒偷。」

不幸的是他所採得的葡萄串中藏有一隻小蛇，牠咬了他的肚皮。小孩疼痛得想招供，可是他原先既一口咬定沒有偷盜，也就不敢說出真相，堅持到最後他終於死了。為了小小的謊言賠上一命，真是太不值得了。

不過，有時「說謊也是一種方便」，因此，適度的說謊是被允許的。

例如，有女性問你：「我美麗嗎？」如你坦白回答：「不，不怎麼美。」往往會引來對方的不悅；但如你答以：「妳確實很美。」卻能使雙方共喜。

若謊言能帶給他人勇氣，招致好的結果，則說點兒小謊倒無傷大雅。

對於部分癌症患者，醫生若直言說出其病狀，常會促成患者的早逝，所以，依情況掩飾真實，亦為醫生治病的手法之一。

故實際考量說出的話對對方所可能產生的影響，乃成為醫生務須研究的表現方法，若說謊足以造成患者的困擾，則絕不可說謊。

我們常於言詞間逼問對方：「你有否說謊？」

其實說謊是好是惡並無定論。真實與謊言的關係亦非如黑白兩色能夠截然劃分，而是處於黑白之間、有無數灰色存在的中間狀態。

所謂「說謊也是一種方便」的說謊，可說是將如苦藥般的真實裹以糖衣一般，但絕不能連內容也變成了謊言。

故應仔細考量與對方在關連狀況上，究係赤裸裸說出真實較好，亦或是將真實包裹在說謊的糖衣下傳達出來較好。

就此觀點來看，「說謊也是一種方便」中的謊，並非真正的謊。

不過，虛偽的謊言是絕不能被原諒的。若藉「說謊也是一種方便」為理由而說謊，並因此傷害了對方，則自己也難逃良心的苛責。

虛偽的謊言和方便的謊言，不對照實際狀況很難加以辨別，當然原則上這兩種謊言仍以不說為宜。

誠如禪僧夢窗疎石在前引的經文中所指陳的，說謊會使我們神經焦躁、勞心費神，對人對己均無好結果。

96 給因失眠而煩惱的人

不寢，則夜長；疲，則道長；愚，則生死長。不求正法，人生空虛也。《法句經》

「我每晚都睡不著，非常困擾。愈努力想睡，愈覺眼睛明亮睡不著。等天快亮時勉強闔了眼，但緊接著又得起床工作了。」

許多現代人都有類似的苦惱。尤以神經質的人、白天無所事事的老人、纏綿病榻的病人，更易為失眠症所侵擾。

我也曾經數度因輾轉難眠而痛苦。雖幸而未仰賴安眠藥，不過那種愈焦急愈難入眠的苦況，若非親身經歷真是難以想像啊！平常，若身體較虛弱時，我偶爾會覺得呼吸困難、心悸、難入眠，以致坐立不安，生怕就此斷氣離開世間。

每當此時，我就覺得自己被推落一片漆黑的深淵，找不到能夠幫助我的人，一面冒冷汗、一面呻吟，巴望著黎明儘早來臨。各位讀者中想必不少人亦有此經驗。

當陷入這種困境時，你如何是好呢？

如有幫助睡眠的特效藥就太好了，然而安眠藥終究是有副作用，所以並不理想。我想，若欲擺脫對藥物的依賴，健全自己的心理態度是最重要的。

根據我的體驗，愈設法想睡就愈睡不著，因此，根本不須特意努力睡覺，只要告訴自己「不睡也無所謂」就行了。人一、兩天不睡覺並無大礙，不妨有效活用失眠的時間閱讀有趣的書本，不知不覺中睡意說不定就襲了過來。

精神分析學或森田療法等，都力勸失眠症患者以逆說方向作自我暗示，藉此而痊癒的失眠症患者不在少數。

以《出家及其徒弟》一書而聞名的小說家倉田百三，自三十六歲左右起的三年間，備受失眠症的困擾。最後他如何克服失眠症的呢？在他的《不治療而痊癒的我的體驗》一書的自敘傳中，有如下的記述：

「我們只要『順其自然』，便再好不過。能『順其自然』就可入眠。不僅睡眠如此，若能順其自然地生活，亦再好不過。睡眠，不過是生活中的特殊場面罷了。可是要達到順其自然的境界，並不那麼容易入手。」

「我在失眠及克服失眠當中，究竟學習到了什麼呢？所謂的『企圖』，就我們所熟知的，經常是肇禍的原因，所以憑靠意志想將『企圖』逼退，往往是徒勞無功。唯有在沒有企圖餘地的環境裡，企圖才能自然消滅，而使人臻於悟境。」

倉田所主張的是，不要去意識到睡意，只要順其自然，自然能夠入眠。

德國思想家卡爾．希爾提（Hilty）在其著作《為了失眠之夜》裡亦曾提及：「拋棄自我，自然能提高精神力。」如能接受與生俱有的靈性中的聖靈，當可提升精神力。

此種精神力往往是發生在我們的力量行將竭盡之際，在佛教裡即稱之「彌陀的本願力」，據說相信這種力量的人，自能收受它。

不過，如自己未能處於空的狀態，哪有餘地接受它呢？

這種情形也適用在我們所從事的工作上。就因為我們常意識到自己的工作，因此工作表現總不如理想。

未能認真面對工作，而一味想對應時間的結果是，老覺得時間拖拖拉拉非常漫長；但如全心投入於工作，忘卻了自我，不知不覺中時間便溜過去了。待工作終了，恢復自我時，才會赫然覺知原來時光就這麼去了。

無論是工作、或時間、或睡眠，如我們刻意去意識，往往只會感到痛苦難熬；但只要我們將部分意識加以拋卻，反而能真正觸及到、獲得到。

這項事實，我們透過日常的體驗即可自然習得。

97 給浪擲生命的人

學道之人，須惜寸陰。露命易消。時光瞬移。暫存之間勿管餘事，只須學道。《道元・正法眼藏隨聞記》

常聽人概嘆沒做什麼事一天便過去了。無法理解生存的意義、人生的目的，或不知享受人生過程的人，即使在物質上不虞匱乏，但因為生活枯燥單調，為了遣懷只好向外界追求感官上的刺激，而以「忘我」的狀態去度日。

反之，對生命充滿使命感，兢兢業業的人，卻覺得每日生活非常充實，非常「生動」。前後兩者的生活態度可謂有雲泥之別。

一位育有殘障兒的母親，她常怨嘆生下這樣的孩子，也為孩子的未來憂心忡忡。她每日都在慘澹的心境下度日，幾次想置孩子於死地後再自殺。但有一天，她見到自己那殘障的孩子在養護學校裡專心一志、努力用功的情景，不禁深悔自己竟會起意想毀滅孩子尊貴的生命。

她突然想到「如果我不照顧這孩子，還有誰能照顧他呢？」從前陰霾的心裡猛然亮起了一道光芒，鬥志遂泉湧而出。這為了孩子、也為了自己，絕不能死的使命感，使她每天護送孩子上學時，都不斷在心中提醒自己「今天務必要努力啊！」這位母親還曾經這麼說：「托這孩子的福，我才更能學習人生是什麼。就這點來看，我的孩子可說是我人生的教師、生命的恩人。」

世上不少人總覺得際遇不佳，滿肚子苦惱不知找誰傾訴，天天都過得悶悶不樂。與前述那種殘障者比起來，五官正常、四肢健全的我們，如抱怨人生空洞無聊，勿寧是太過分了。與其將時間、精力浪擲在抱怨上，不如起而將這些時間和精力投注在於己於人皆有利的事情上。

《徒然草》（百八段）有云：「一日之中，飲食、便意、睡眠、言語、行步等事，便已然耗去不少時光。在餘暇不多的情況下，猶行無益之事、說無益之事、思無益之事，所耗費者，不僅是鐘點，甚且是日、月，終至葬送一生，此乃最愚者。」

看看這段文字，我們能不驚慌嗎？

我們過訪禪堂時，必可在廊下看到掛有行事告示板，其上書寫著「生死事大、光陰可惜、無常迅速、時不待人」，旨在警惕我們萬勿忽視一日一瞬，以免空虛地度日，到最後懊悔莫及。

我如今所主持的寺廟乃日本江戶時代所創立的私塾，為栃木縣首座小學校的前身，名為「日惜舍」。

顧名思義，主要是期待我們珍惜每一天，好好努力用功。曾在該處當老師的家父常像口頭禪般嚴厲指導我「切勿無所事事」。至今他的話仍常在我耳際縈繞，每當漫無目標地度日時，耳畔馬上會響起他那鼓舞激勵的聲調。

將只有一次的人生過得充實或無聊，關鍵全在於我們的態度。同樣是過一生，最有意義的莫過於盡己所能，然後將成敗歸諸天意。

98 給不能掌握真實的人

赤肉團上有一無位之真人，經常在汝等面前出入。猶未證據者，看吧！看吧！

《臨濟・臨濟錄》

有些事是必須做的，有些事是不做也可以的。有智慧的人能辨明這兩者，愚魯的人卻常在不做也可以的細碎事情上浪費很多光陰。

例如考試時，聰慧的人很快就能領會題目的重點，適切明瞭地作答；但愚魯的人卻在答案周邊打轉，無法掌握要點，而東拉西扯地胡亂寫文字來搪塞。

釋迦在世時，馬倫．卡布達這個人問他：「就時間上來說，世界是否是永遠的呢？人類的靈魂在死後是否存在呢？」

釋迦當即以箭來比喻，作了下述的答覆。

「當人被毒箭射中而負傷時，不把箭拔出，卻一味追問箭是誰射的？塗的是什麼毒藥？則不知不覺中毒藥業已繞行周身，致此人於死地。事實上，對這個人來說，最要緊的是拔箭療傷。」

就像這樣，我們應超越時間和空間，致力於當下的工作，否則機會一喪失便永不再造訪。我們不應在非本質的問題上徘徊，把事情的核心找出來才是最刻不容緩的。

禪僧臨濟在前面所引經文中要表示的是，凡擁有生命的人，都存在著超越空間和時間的真實人性在周身出入。如果尚未遇到，趕快看一看、瞧一瞧吧！

詩人生方立江說：「想喜愛自己，須凝視自己內部。」但一般人見不到自己裡頭的另一個自己，而以為現在的自己才是自己的一切。

其實，另一個自己的真實人性，始能掌握現世中的本質，而對能掌握本質的人來說，枝葉末節的事是不足掛齒的。

名僧盤珪禪師住在深川的天祥寺指導徒弟們。這些徒弟中，有一名是頑劣得令家人束手無策，而被送往修行的頑童。

他入山後依然惡習不改，從早到晚只顧玩樂，還從寺裡偷竊物品，拿到附近的古董店出售。他的惡名旋即傳到信徒耳裡。

其他的徒弟認為無法再袖手旁觀，生怕蜚短流長有辱師門，因此，集會協議請師父將他趕出師門，師父也首肯了。

但經過了幾天，師父並沒有要將頑童趕走的樣子。只見他愈來愈囂張，惡行愈來愈嚴重，其他的徒弟很失望，又要求師父將他趕走。師父還是答應了，並表示隔天就辦這件事。

第二天，頑童依舊未遭驅趕，至此時，其他的徒弟都生氣了，他們瞪著師父揚言說，不將這頑童攆出去，「我們就集體離寺」，師父只微笑地答稱：「既然你們想離開，為什麼不付諸行動呢？」

聽到這意外的回答，徒弟們很吃驚，立刻質問：

「為什麼不把頑童攆走，而要把我們趕走？」

師父充滿自信地說：

「因為你們已經得道了，隨時離開寺院都無所謂。但他素行不良，若他被轟出寺門，他就無處可去了。」

徒弟們初聽這番話，並不理解其間的內涵，思索良久後才意識到師父對這頑童的慈悲心以及自己的自私，遂向師父道歉。

偶然間聽到師父和同門兄弟談話的這位頑童，頓覺激動感懷，此後便改過遷善，成了判若兩人的人。

盤珪禪師深悟搭救這頑童才是自己應行的正道，他之所以甘冒危險，就是絕對認定能使這少年洗心革面。

盤珪禪師之能採取如此確切的態度，正因為他不受周遭人士的細碎想法所困擾，而體認到掌握真實人性的手段和目的的緣故。

99 給自命不凡的人

念佛，是以投身淨土為目的嗎？或因恐有陷入地獄之惡業呢？凡此種種一概不知。《親鸞・歎異抄》

我們周遭的人士分為好幾種。有人是不可或缺的，有人是可有可無的，有人是令人眼不見為淨的。其中最彌足珍貴的，當然是第一種人。

所做的事未能滿足對方的期待，不是實力欠佳就是誠意不夠，至於對工作毫不在乎的人，若非充滿自信，就是完全不學無術。通常，做事不能盡如人意，遲早會被藐視或排斥，使生活陷於落魄。

現世裡，有些人非常值得信靠。有些人則否。這信靠是憑著不負他人所望才得到的。不論本人如何自吹自擂，若實際上不能以表現來實踐，則永難獲得他人的信靠。贏得信靠，並不是由自己設定，而是由對方賦予、肯定的。

淨土真宗的開山祖師親鸞，透過前述所引的文字表示，他完全不知道念佛是否可以投生淨土或墮落地獄，但他堅信他的師父法然的話：

「除了念佛外別無他法。假如我因念佛而墮落地獄，絕不後悔。」

能這樣全盤信仰一個人實非易事，同時，能被這樣信仰的人也必定極為超凡。當前已罕有如此緊密的師徒關係了。

一般人一旦一日為師，便自認高人一等。自命不凡；甚至想獨占一門學問或技藝，不肯輕易傳襲別人。

例如，技藝方面的師家制度就是如此，師父往往只將技藝秘傳給一名徒弟。其心態當然不難理解，因為唯有這樣才能獨霸一方、呼風喚雨，使其他人俯首聽命，或處於附從的地位。

親鸞意識到這種危險性，所以在《歎異抄》中亦載有：

「親鸞，連一個徒弟都沒有。」

我的一名友人前些日子應總理府主辦的「青年之船」邀請，約離家五十天，擔任前往澳洲、紐西蘭方面的船上講師，行前他十分擔心自己不在時家人將備感苦惱；但他返家後發覺那純屬杞人憂天，家人沒有他依舊生活得平安無事。

起初，作為一家之主的他乍離開，家人當然會覺得頓失依靠，但時日一久，那種感覺便益愈淡薄了，他們還是能如常地、甚至更愜意地生活。

就此立場來看，人人都有重要性，而這種重要性是不能純由自己作判斷的。

在現實世界裡，固然有人是能力超群、卓爾不凡的，但僅器重這種人，輕視其他人，則任何一項工作都不可能推動。

唯有每個人都能配合其性格和資質，盡情發揮其能力，這個社會才有和平可言。

100 給因不治之症而苦惱的人

因盡宿業而致病，即使向諸佛神祈禱，亦不可能治癒。若祈禱能癒病，怎有人因病而死呢？

《法然．淨土宗略抄》

醫生宣告「你已藥石罔效了」，你在痛苦不安、束手無策之際，難免會如「溺水者攀水草為生」般，祈禱神佛或哀求醫生。

據說當前在美國，醫生對待患者態度冷淡，已儼然形成了嚴重的社會問題。據《華盛頓郵報》刊載，患者常因恐懼醫生放棄診治，而在病未完全痊癒時，討好醫生說：「托您的治療，我已全然好了。」但當他一離開醫生，痛苦立現，卻也只能強自忍耐。

就以醫生的角度來看，欲診察治療如此多的患者，勢必疲憊不堪，當然不可能對每一位患者負責任或賦予關懷。但漠視患者的請求，到病情不能控制時，就迴避說「不能救治了」，在態度上未免值得商榷。

一位幾天前因病住院的男性，躺在病床上百感交集地說：

「在今天之前，我始終在工作上衝鋒陷陣，這場病使我體認自己並不是一直都健康的。在我反省過去的生活態度後，赫然領略到了生命的喜悅。」

如果疾病能夠促成我們對「人無法永久生存」的自覺，那麼，病他一場又何妨呢？

有人問禪僧良寬：「避免災難的妙法如何？」

他答稱：「該病的時候就病，該死的時候就死。這就是避免災難的妙法。」

生病時不要老是自怨自艾，坦誠接受它，病魔即自然退散。

同屬日本江戶時代的禪僧白隱禪師，在語錄中也載有：

「現世裡的聰慧人，生起病來更苦更慘。因為他們會不斷地瞻前顧後，也評斷前來看望他的人的好惡，懷恨舊識同伴的相應不理，為不能揚名立萬而苦惱，又怕死後不能千秋留名。他們閉目俯臥，看似平靜，胸懷卻騷亂至極、痛苦不堪，僅三合之病，卻有八石五斗的思緒。」

愈有學問的人愈受知識繫累，因此變得神經質，愈忌諱疾病，愈為疾病所苦。

國內的醫療保險和老人保障已達一定水準，可是許多人沒有嚴重疾病，也為了消磨時光而到醫院，在待診室裡耗上一天。

他們是一群在家覺得無趣，欲外出又無處可去的被冷落的人，基於「同病相憐」的心理，他們相濡以沫，藉此得到些許溫情。因此，醫院待診室就變成了他們的沙龍和避難場所。

其實，醫病是醫生的天職，神佛根本沒有治病的可能。但總的說來，自己本身才是自己最好的醫生。

101 給閒置餘生的人

非以髮白之故，而為長者。髮白純屬年齡增長，亦即老化而已。《法句經》

有人總認為「我的人生到此為止」，而想藉著過去所掙來的地位、權勢和財產等安享餘生；有人卻認為「我的人生尚待開拓」，而精神奕奕地不停奮發圖強。

事實上，人生中應學之事永無限界，直到生氣止息為止都應持續地精進，在起意停踩人生踏板的瞬間，號稱自己人生的腳踏車隨即倒下，遂成了一具行屍走肉。

相同道理，在《法句經》裡亦記載：「愚者如牛般地老長。其肉即使增加，其智卻不增長。」

我們常見周遭一些年輕人，如豬般地自足自滿，肥嘟嘟地以至老化；但卻有部分老年人比年輕人更日夜匪懈，身心朝氣蓬勃。一般而言，精神年齡與肉體年齡未必然成正比。

此處介紹一年老後依然認認真真，過著絲毫不辜負上天所賦予的人生的人。

她就是現居日本鎌倉，業已九十三高齡的石川女士。她在一九二九年正當年輕時，有天突然覺得腿部劇痛，雖經附近醫生診察，但無法判明原因。後再經專門醫生診察，才知可能是罹患結核性骨疽（在當時乃為不治之症），在盡可能周延的治療下，病狀始終不見好轉，她日日消瘦，再也無法站立，外觀變得非常不雅。

一家人為此愁眉不展，到處求神拜佛，但病情依然沒有起色，她在失望之餘想到了自殺。

某夜當她告訴自己「我放棄了一切」時，突然不知從何處傳來他素所敬仰的地藏菩薩的聲音：「從現在起，妳繪製一百萬張我的圖像，妳就能得救。」

她以為那不過是場夢，先是躊躇不決，後來想反正別無他法，乾脆就照辦！於是第二天起，她就動手畫她所記得的地藏菩薩的畫像。

畫了五十張、一百張後，她漸漸感到厭煩，這是任何人都能理解的心理。經二、三星期後，她再也提不起勁了，決定就此擱筆。

但她每一停下來，就覺得過去的努力都白費了，一點得救的希望都沒有；可是再提筆，又備覺辛苦，而想放棄。

不過，畢竟是事涉自己的生命，所以她只得耐著性子，每天還是繼續畫。奇怪的是，渡過一段低潮期後，她卻愈畫愈感興趣，愈有成就感，愈自其中發掘喜悅，本來厭煩的畫像工作，再也不困惑她了。

猶如「積少成多、積沙成塔」，她的畫技日有進步，不知不覺中終於畫成五萬張、十萬張。「反正我已被宣告不治，說起來，我的生命和死了沒兩樣。這撿到的生命，能夠多苟活一天就多賺一天。能夠這樣活著，能不感謝神佛嗎？」她忘了腿疾，從早到晚不停地畫畫。

即使是戰時，也不曾一日稍歇，迄戰後，依舊不改其志，總共費了三十多年的漫長歲月，終於有一天她達到了所期的目標。

從一開始不知歷經多少辛酸的這位老婦，在達成目標後的喜悅，豈是我們所能想像的？

這老婦在繪製完成所約定的張數後，仍然將她的餘生致力於畫佛像，今年她寄來的賀年卡，就是她自繪的地藏像，上頭還標了第二百一十五萬三千三百八十二的編號。想到她那虔敬的生活態度，我不由得肅然起敬。並興起見賢思齊的念頭。

《孟子．盡心上》謂：「掘井九軔而不及泉，猶為棄井也。」即挖井九仞深，還不見泉水，這仍然是一口廢井。比喻做事不慎終如始，同不做沒有什麼差異。

102 給冀望長生的人

三種安樂法門，行者必學。一為事中徐緩。二為唯淨。三為唯善。
《達摩禪師論》

凡生而為人者，莫不冀求長生不老。所以，自古即有長生不老之藥出售。醫生也馬不停蹄地為患者治病。古語說：「健全的精神寓於周全的身體。」的確，維持強壯的身體和精神，是不可或缺的長壽要件。

將禪傳襲到中國的達摩大師訓示我們，必須恪守前端所述的三種法門，才可能長生、幸福過日。這段文字就記載在敦煌出土的文書中。

第一、事中徐緩，意指「凡事不強求，慢慢地做」，誠如諺語「慌慌張張的乞丐討到的錢比較少」所表示的，急功近利往往得不到好結果。凡事過於強求，徒然引起焦躁不安，於事並無任何助益。

第二、唯淨，意指「心要冷靜，不可憤懣」，凡事不生氣，便能控制情緒，不但使心境常保穩定，兼可受人歡迎，何樂不為？

第三、唯善，意指「凡事以善意解釋，心無旁騖地工作，自能不受末節枝葉的事困擾，順利推展任務」。

曾任日本東大校長的茅誠司曾經說：「不要動氣，要動頭腦。」若毫無計劃地工作，當然會焦躁、耗氣，結果總不盡理想。

以上《不強求、不憤懣、不困擾》的修持，並非一朝一夕能達成，但平常若能留意及此，除非是遭遇外在的特別事故，否則通常能夠預防疾病纏身，自然也能長壽。

著作《蘭學事始》的日本江戶時代的杉田玄白，也曾提出「養生七不可」的主張，他認為長生需忌諱七件事：

一、對昨日之事不耿耿於懷；二、對明日之事不煩惱；三、飲食不過度，約吃八分飽即可；四、飲食的營養宜均衡，勿貪求美食；五、身體無病時萬勿服藥；六、做事不強求、不過度；七、勤作運動，勿好逸惡勞。

據說這是玄白七十歲時大病一場，痊癒之後所寫下的文字。

某一幢寺院在其佈告上，張貼著維持健康的十個條件：一、少肉多菜；二、少鹽多醋；三、少糖多果；四、少食多齟；五、少衣多浴；六、少車多步；七、少煩多眠；八、少怒多笑；九、少言多行；十、少慾多施。

這些與前述達摩禪師及杉田玄白的訓示，頗有不謀而合之處。期望大家不只是記得它們，而且是身體力行，每天加以實踐。

103 給懼怕死亡的人

生生，生之如暗；死死，死之終冥。《空海．秘藏寶鑰》

佛教學者金子大榮師曾說：「以人生為問題時，可用知識加以解釋；但當人生成為問題時，卻不能用知識來解決。」同理，當以死為問題時，可用知識加以解釋；但當自己的死成為問題，自己必須去面臨時，卻不能用知識來解決。

有句古詩：「迄昨日，總以為那是他人的事；但當我行將死去時，卻何等難以消受啊！」不僅難以消受，而且驚愕、恐慌、不知所措。

任誰都殷望「不死，儘可能多活一日」。我們平常很少想到死亡，總覺得那是遙不可及的事而一笑置之。然而一旦為病魔所攫，被醫生宣告不治時，立刻的強烈反應是：「你說謊，我絕不可能那樣。」非得到有了死亡的自覺症狀，發現死亡已不可避免時，才會一改常態，哀哀懇求醫生盡全力救治。

著名的開悟畫僧仙崖和尚，到八十八歲瀕死之際猶掙扎說：「我不想死！我不想死！」的確，死亡之苦不曾親身面臨，不可能領略。

俳句詩人正岡子規年輕時即罹患肺結核，餘生都在病榻上渡過，他一面咯血一面感慨地寫下如次的俳句：

絲瓜開花，佛喉塞痰，

痰一斗，絲瓜水不及用，

大前天，已不曾取用絲瓜水。

死亡時，肉體上的痛苦雖不能以自力抗拒，但精神上的不安卻可藉思想的改變趨於緩和。人泰半都是因憂慮死後的種種才陷於不安、悲涼。此時不妨試著放棄去思索死後的一切，將念頭轉往未出生之前自己純然是無形無影的狀態，亦即「父母未生以前之自己」，就不致於不安了。

實際上，出生之前我們是未生，也不曾有出生的意識，只不過基於偶然而在母胎內萌芽罷了。我們的死，說穿了也不過是回歸此一未生的世界而已。

日本宗教學者岸本莫夫生前自被宣判罹患癌症，只餘數月生命後，便開始比平日更專注於工作，達觀地認為死亡無非是天天說再見罷了，其實我們每日和近邊的人見面又離別，或晚上睡眠等，也等於是處於假死狀態，肉體上的死就是這種狀態的延長線，也就是無法再重聚的別離或不能再醒來的睡眠。

人死時，最痛苦的並不是死者本身，而是衷心看護的近親者。因此，將死當成一場午覺，心情就輕鬆多了。《臨濟錄》有謂：「生死不染、去住自由。」臨死時如能這樣坦然接受，那麼，靜靜赴黃泉旅行的準備便就緒了。

104 給相信科學萬能的人

見水，魚視之為住家；餓鬼視之為血。天人琉璃，人視之為水。《無性攝論》

常有人質問：「你認為科學和宗教，哪個較能有效拯救人類？」

事實上，將不同次元的科學和宗教拿來作比較，是沒有意義的。因為科學係以實際所存在者為對象，而宗教卻以心靈世界為問題，故愈淵博的科學家愈清楚自己能力的限界，對不可解的對象必虔誠對待。

許多科學家之所以篤信宗教，就是基於這個原因。

英國物理學家法拉第，某日對聚在研究室的學生們指著一支試管說：「你們認為這裡頭裝的是什麼？」沒有人知道那裝著的少量透明液體究竟是什麼。

於是法拉第說：「剛才有位學生的母親前來，邊哭邊述說了一些事，這試管中所裝的就是當時那個母親的淚水。」

正當大家詫異驚奇時，法拉第凜然地說：

「你們這些科學研究者都知道，將眼淚加以分析，無非是些水分和鹽分罷了，然而沿著母親臉頰所流下的淚水，豈僅是科學所分析出的那些成分？未必吧！你們別忘了，母親的眼淚除了水分和鹽分之外，還包含有以科學絕對無法分析的寶貴的深厚愛情。」

曾經擔任日本皇太子養育官的慶應大學的小泉信三，也在其隨筆中寫道：

「如果這兒有半杯水，有人會覺得能有這半杯水喝幸福無比，另有人卻會抱怨竟然只有這些許水可喝。到底哪個正確呢？哲學和物理學都無法判定；只有人本身能夠決定。」

邇來常有人表示：「科學已走到了極限。今後將是心靈的時代，發揮宗教力量的時期業已到臨了。」其實這也未免言過其實。

畢竟自科學昌明以來，先進國家克服了饑饉和傳染病，深值我們大書特書；此外，隨著交通和通訊的發達以及工商業的發展，也為我們的生活帶來了餘暇和舒適，此乃不容否認的事實。

唯隨著此種高度成長在量方面的擴大，人類的幸福度卻未必成正比地增大，因而不得不被迫在質的方面力求提升，這也是無法推翻的事實。

科學能分析世上所存在的一切並解明「內容如此」，但對其「所以然」的存在根底和「必然如此」等，我們所思考的意味和價值，卻不得不沈默下來。

誠如在中元節時唸誦的《破地獄偈》經文：「想了知三世一切之佛，應觀法界之性，一切唯心造。」所啟示我們的，我們除應以科學態度解析世上的一切，最要緊的還需以自己的主體，坦然接受這一切。

我們一談起他人的事經常是意見繁多、批評如潮；可是一觸及自己的問題，卻往往不知如何是好。這難道不是我們應加以思索的情況嗎？

我們所觀看到的淚，不過是淚；水，不過是水。但如何用心去感受呢？提及這問題，大概唯賴我們的心態是否接納自己而定了。

燦爛的花綻放，其實並非為了我們，其之所以為美。完全存乎我們的心。花並無美或醜，我們的感受；我們的心卻常有美醜的分別，足見一切都是「唯心造」。

105 給執著迷信、邪信的人

諸諸凡愚，多迷於真道，不知觀察身心之無我。學苦行以為道者，與妄行外道邪法、誤其為真，其與惡法者同。《大莊嚴經論》

在義大利，有則以下的小笑話：

億萬富豪臨終時躺在病床，以細弱的聲音問神父：「神父，如果我捐五萬美元遺產給教會，我的靈魂能得救嗎？」神父以嚴肅的表情回答說：「我想，你務必要嘗試這麼做，不過，我無法保證……。」

有人認為以金錢賄賂，可免下地獄而上天堂；日本亦有句諺語：「溺者攀水草為生」，很多平常不信神佛的人面臨重大事故時，便天天到神壇寺廟參拜，希望能藉此脫離桎梏。

他們往往就是基於這種心理，慷慨捐出巨款向神佛請利益，或求不可靠的運勢鑑定。

當然，我並不意指這一切作法全屬無聊，問題在於努力求好與努力尋求神佛的利益，是完全不同的事。

不努力，絕不可能冀望獲得利益。利益，是努力的結果；甚至努力亦未必能獲得利益。因此，萬一努力了仍無法得到利益，也不須懊惱或失意。

此外，例如水垢離，寒行等的苦行，只能說對身心的鍛鍊有益，卻未必能得到神佛的利益。本來，神佛的利益乃「不求自得」，亦即不求自然能得到的果報。

昔時，釋迦在世之際，有親子三人的貧寒之家，可愛的獨子罹病在床上痛苦地掙扎，父母對兒子說，萬一不治就會死亡，並告訴他死亡的痛苦遠非疾病之苦所能比。兒子問：

「那麼，到底該用什麼方法我才能免於一死呢？」

父母回答：「聽說祭祀天神效果最好，現在咱們就去找祈禱師吧！」

於是他們便動身出發。

祈禱師聽他們說完原委後說：

「你們的兒子得病，是因為惡魔作祟。只要殺羊和奴隸作為犧牲，就可免除痛苦。」

但這一家人很窮，買不起羊和奴隸，但為解決迫在眉睫的問題，他們起出了家中所有的錢，又借貸了一些錢，買來羊和奴隸作為牲品到祈禱所去。祈禱師說：

「這麼一來，你們的孩子就有救了。」

然而待父母喜不自勝地回到家，他們的兒子已經斷氣，身體僵冷了，作為父母的兩人見此光景痛不欲生，終於自殺隨兒子奔赴黃泉。

以上故事取自《僧伽吒經》（三），釋迦藉此明示我們，信仰邪教將導致一家人的破滅。

有人前去找栂尾的明惠上人，拜託他：「請為我祈禱獲得神佛的利益。」上人訓諭他：「我為一切眾生朝夕在祈禱。這一切眾生當中當然包括了你。因此，原諒我不能特地為你禱告。本來佛就是本著『一切眾生皆我子』而賜給大家慈悲。你若罹病或遭逢不幸，原因都起自你本身。那絕不是佛的懲罰，是你本身有招惹苦惱的原因。」

究竟應以什麼來斷定其係迷信或妄信呢？無法一言以蔽之，但過於執著的人往往會不顧一切地認定：只要相信，事事皆可如願以償。

猶如法國思想家巴斯噶所說：

「愈是狂信家，愈認為自己偉大。所以，常易和周遭的人起摩擦。也容易為雞毛蒜皮的事，和他人口角、吵架、打架，耗費無用的熱能。這都是對神不敬的人的行為。」

類似這樣的人，只不過是為了自己而想利用神佛罷了。迷信和邪信是心胸狹窄的偏執者所患的一種疾病，若不使其痛烈地自我反省或給予相當程度的衝擊，絕難收醍醐灌頂之效。

106 給不餵養祖先的人

若父母兄弟祭日，請法師誦《菩薩戒經律》以資亡者，見諸佛，使其得生人天。《梵網經》

除一部分「光聽人誦經便覺難能可貴的人」之外，我們通常是在葬儀或法事時，才會邀請僧侶前來誦經。

可是這麼做果真能獲得功德嗎？此一疑問自古即有之。的確，耳聽那艱澀的經，很多人都覺得沒有意義，想打瞌睡，故仍以親自唱誦經文較具功德。

曾有位目不識丁的老婆婆，終其一生都在唸誦「大麥小豆二升五升」，而沈迷於法悅境。有位偉大的學僧便對她說：「老婆婆呀！老婆婆，您唸錯啦。那是《金剛經》裡頭的一句，應該唸成《應無所住而生其心》才對呀！」

老婆婆說：「懊，原來如此！」

開始企圖以彆扭的正確發音唸經，但舌頭繞來轉去始終不得其法，終於放棄了。如此看來，唸經還是採方便記誦的方式較有功德。

為使亡者得到冥福，當然須以虔敬之心獻奉香華、明燈以及飲食物來供佛、唸經。《隨願經》有云：「如此，亡者可獲其福的七分之一，其餘七分之六則由修行的施主得之。」

我們通常是在近親者或友人亡故時舉行葬儀或告別式，表示追悼之意，可是如果認為可使用任何語言，簡單地使亡者得到冥福、安慰其靈魂，那就大錯特錯了。

在那嚴肅的時刻裡，我們所應做的是懷想亡者與自己間的關係，驚詫人生的短促空虛，並在那驚詫中決心在自己有生之年繼承、完成亡者未竟的工作，立意供養亡者，祈求其冥福，最好的莫過於承襲他生前的遺志，或使工作較其在世時更進一步推展。否則亡者之靈何以獲得安慰？

梅德林克在《青鳥》中描寫一對兄妹到回憶之國去，住在哪兒的祖父母對他們說：「當你們想到我們時，我們馬上就能看到你們。」

足見每當我們追憶亡者，就能和亡者面對，而如果我們能成就其願望，當然也能受其鼓舞。我們在追善供養時向墳墓或佛壇雙手合十膜拜，目的也就是在檢討自己是否繼承了亡者的遺志，是否成就了其願望，並鼓勵自己發誓「今後將拚命工作，期使亡者欣喜安心」。

據說不良少年少女和犯罪者所從出的家庭，多半未設置祖先的墓地或佛壇，或即使有設卻未加以照護。

此外，聽說最近各種壇寺廟亦常有人前往請求鑑察婚配的對方家庭的祖墳。因為一個家庭的狀況，可從其祖墳上窺出端倪，一個平常不參墓、不掃墓，墓石傾頹了也不在乎的家庭，如何能善待新嫁娘呢？佛壇亦如此，平常不祭供茶湯、線香，也不膜拜的家庭，如何能培養出正正當當的孩子呢？

類似這樣的人生教育，是無法透過學校或社會獲得的。有人說，孩子並不是順從父母的話，而是模仿父母的行為。故為人父母者應以身作則，作子女的表率。

《墨子・所染》謂：「染於蒼則蒼，染於黃則黃。」絲在黑色染汁中就染成黑色，在黃色染汁中就染成黃色。意即警告人們交友不可不慎。

107 給不信神佛的人

佛乃自性之作，勿向身外求。自性迷，佛即眾生；自性悟，眾生即佛。慈悲即觀音，喜捨名勢至

《慧能・六祖壇經》

若有人問你：「你信奉宗教嗎？」或「你是佛教徒嗎？」你可能會回答：「我不知道。」或「我家人偶爾會到廟裡燒香拜拜，但我搞不懂自己是不是佛教徒。」

這種答案是毫不足為奇的，因為除了熱情的信徒外，一般人若非遭遇變故或困難，殊少涉足神寺佛閣，而且對宗教也不甚關心。

西方人閱讀了有關日本的書，總認為日本是佛教國，但抵達日本在道路上如以前述問題詢問日本人，所得到的答案泰半亦不出前面所述。因此，他們多少會失望地想：「日本人竟對宗教如此冷漠。」或「原來日本根本不是佛教國家。」

不過，雖無法清楚表明自己的信仰，卻絕不可就此斷言日本人對宗教漠不關心。不管是否坦陳有否信仰，從許多人的日常言行中，仍可見到濃厚的宗教情操。

例如，當自己的孩子隨便攀折花木，一般家長都會勸戒說：「花兒太可憐了，它哭著叫痛哩！你該好好照顧它才對呀！」又如訪謁森嚴的靈域時，許多人亦會興起如西行法師般的感慨，即：「不知何因，然總為了太感動而落淚。」

這些在在都是宗教情懷的表現。對我們而言，宗教並非拿來信仰的，而是要生活於其中，品味其境界。

此外，熱衷工作的人，亦可廣稱為宗教人。

日本哲學家西田幾多郎在其所著《善研究》一書中，曾經表示：「世人常問為什麼需要宗教呢？類似這樣的問題與為什麼要活下去這個問題是如出一轍。宗教並不能離開自己的生命而存在。宗教的要求就是生命的要求。會對自己的問題發問的人，顯然生活得並不認真。唯有真摯思考，欲真摯生活的人，才會有熱切的宗教要求。」

我們看指揮家卡拉揚的指揮、鋼琴家魯賓斯坦的演奏，以及朱銘的雕刻熱情時，對於其專心一志的態度，總會油然升起神聖之感，當我們投身於有意義的工作時，也會處於無心狀態，而沈浸在工作中。

在那樣的瞬間，即使我們未信仰宗教，也其有宗教的情懷。

有實用主義之父雅譽的美國約翰．杜威，在其大作《人人的信仰》中，曾將名詞宗教和形容詞宗教加以區別。

他的解釋是，前者乃擁有特定信仰及實踐手段的團體或教義大系；至於後者，並不意指任何制度、習慣和信仰的組織性體系。而是指能邁向特定目的或理想的真摯的人類態度。

根據他的想法，我們並無需固著於特定的宗教，只要認真工作，便屬於宗教的。故工作時敷衍塞責，空待時間經過，存心只考慮薪給的人，便不屬宗教的。

也許諸位會質疑：「那麼，就大可不需要宗教囉！反正只要專注工作便屬宗教的嘛！」

然而，若我們完全沒有信仰，如何過活呢？據最近的調查發現，大部分人即使不信神佛，卻答以如此將招致懲罰。我們雖不時地說「老實的人總是吃虧。哪兒有神佛存在呢？」但私心底卻相信惡有惡報，深怕神佛的懲罰。

由此可見，我們雖未信奉特定的神佛，卻已經過著宗教生活了。

就這觀點來看，認為頭上三尺有神明的人，即使想行惡亦會裹足不前；即使未行惡，也經常會考量到不去干擾他人。普通人都是茫茫然地、汲汲營營地過日，可是具有宗教情懷的人卻能領會天地自然的恩惠，以及托周遭人士之福才能生存的事實，而對一切懷著感激。能夠有此心境，就可拋卻小我、發揮大我，過著胸襟豁達的生活。

宮本武藏在《五輪書》中謂：「我尊敬神佛，但不依賴他們。」確實，對我們而言最重要的並不在於告白「我屬特定的宗教團體」或「我擁有信仰之心」，而在於實際上過著宗教的生活。

108 給醉生夢死的人

無誓願，如牛之未駕御，不知何所趨。願來行持，則能達所在。

《智顗．摩訶止觀》

「敝公司的職員都懶懶散散地，非常令人困擾。他們工作不帶勁，只管上下班領薪水，完全不管公司死活。」好似高幹的一名紳士如此抱怨。

另一位中年男子也說：「他們好像為了消磨時間才來上班一般。稍微勸他們工作認真些，他們立刻擺臭架了，連話都不肯哼一句。好像公司少了他們得關門一樣。」

他們相互批評自己公司的職員。

類似那樣慵懶怠慢的人隨處可見，有時真叫人不知如何是好。無論整個社會景氣多糟、物價多高昂、人手如何不足，一般人一旦就業，立刻就成為勞動組織和職業組織旗下的一員，資方未可隨意開除他們。

此外，他們還在獨特的年功序列及半永久的雇用制度庇護下，不管工作情形如何，只要公司未倒閉，生活都受到保障，無怪乎他們敢於怠慢懶散。

不再有升學壓力的大學生和高職學生，情形亦復如此，他們的無精打采和冷漠的態度，近來已成為嚴重的社會問題。

他們裝模作樣地上學，進入校園後，只要不犯下嚴重違反校規的錯誤，都不至於被勒令退學或留校察看。他們當中有愈來愈多的人無法洞悉上學的意義。由於他們無需格外努力，只要出席就能畢業，所以總認為用功讀書的人是傻瓜。

這種風潮並非始自今日，正因為生活受到保障，人在方便舒適之餘，漸漸不肯積極工作，更有甚者，是只顧自己坐享其成，卻一再嚴格要求他人鞠躬盡瘁。這種態度豈可能體會出生而為人的喜悅？答案當然是否定的。

在長期仰賴他人，持續過寄食生活之中，人的肉體和精神勢必脆弱化，終至陷入對任何事都不感動、不感激的庸俗生活，喪失生活的意願，變成醉生夢死的人。時下尚能包容這等人，但隨時代的移轉，他們勢將遭到淘汰。

那麼，如何對應這類毫無幹勁、無精打采的人呢？當然，說破了嘴他們也未必聽信，一切只能聽其自然。待他們自覺應該奮發時，自能專注於工作，不再困擾他人。唯此時須循序漸進，交付給他們能力範圍內的工作。

此外，不管交付給他們何種工作，都應要求他們預為擬定計劃，並保證如實完成。例如，針對以往不會游泳的人。可要求他作「這個夏天一定要學會游泳」或「要能游至一百公尺」等保證，使他朝僅須略作努力即可實現的目標挑戰。如此，他一旦成功了，便可獲得滿足感，從而增強其意志。

古人常為了添增成就而實行斷食，或為祈願神佛而到神寺佛閣去作百度參。既然誓願「無論如何都要達成」，便向周遭人士公開表明，藉此逼迫自己言出必行。英國劇作家巴利說過：

「幸福的秘訣，並不是做自己想做的事，而是去喜歡自己不做不行的事。」

我們一旦確定了目標，不管中途發生任何事，均應秉持信念加以貫徹。

附錄・引用佛典概略

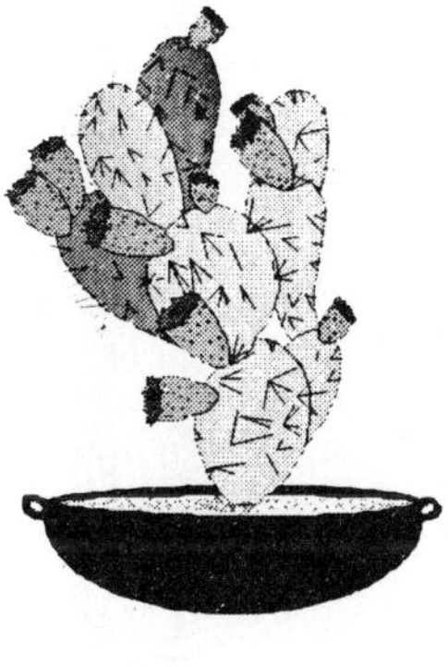

■正法眼藏（道元）

日本曹洞宗的開祖道元（一二〇〇—一二五三）的主要著作，旨在闡釋曹洞禪的教示。正式名稱為《永平正法眼藏》，共九十五卷。道元本擬寫成一百卷，但因病歿未能如願。

■大莊嚴法門經

那連提耶舍於隋開皇二～五年（五八二—五八五）所譯，共二卷，描寫文殊師利藉神通力，對印度王舍城一位妓女所行的教化，為故事風格的經文，屬大乘佛教的教義。格式與勝鬘經的勝鬘夫人同，以妓女為主要人物，有尊重女性之意。

■十七條憲法（聖德太子）

聖德太子（五七四—六二二）乃推古天皇之攝政，其於掌管國政期間，為強固秩序，乃繼「冠位十二階」（六〇三），依據佛教教義制定此一日本最初的國法。並於推古天皇十二年（六〇四）發佈。

■心地觀經

正式名稱為《大乘本生心地觀經》，為根據唐代般若所翻譯的八卷本，乃深受般若思想影響的大乘經典。

■職人日用（鈴木正三）

載於江戶時代禪僧鈴木正三（一五九七—一六五五）所著《禪門法語集》下卷，敘說日常生活中的佛道修行。其職業倫理被視為對近代日本頗富批判精神，故深受注目。

■懺悔文（覺鑁）

作者新義真言宗的開祖覺鑁（一〇九五—一一四三），為肥前（佐賀縣）人，十三歲出家，由仁和寺的南部遍歷高野山，擬在高野山建造大傳法院，但遭一山反對，乃下山在紀州（和歌山縣）來起建圓明寺。

■華嚴經

正式名稱為《大方廣佛華嚴經》，乃由佛駄跋陀羅（三五九—四二九）所翻譯，全部共六十卷。此經內容敘述佛教之開祖釋迦轉迷妄而開悟的過程，其主人翁毘盧舍那佛即奈良的大佛。

■無難禪師法語（至道無難）

臨濟宗高僧至道無難（一六〇三—一六七六）所留下的法語，以添加有假名的漢文寫就，使當時一般庶民得以輕易理解佛教教義。本法語完成於江戶時代的寬文十二年（一六七二）。

■一遍上人語錄（一遍）

非由時宗開祖一遍（一二三九－一二八九）所撰述，而是由其弟子所筆寫，寶曆十二年（一七六二）初版二卷問世。收錄有和讚、消息、和歌等，內容旨在傳述日常生活中無佛無人、只一心亂地稱名念佛之修行義理。

■般若心經

正式名稱為《般若波羅多心經》，由唐代玄奘所翻譯。原典梵本有大本、小本兩種類，玄奘譯的相當於小本。般若意旨開悟世界的智慧，亦即不偏差、不執著、不拘泥的寬容之心。

■法句經

承襲南方上座部佛教巴利語經典中的經文，全篇由四二三個詩集形成，記述釋迦的人生訓示，常被拿來與基督教的聖經作比較。在西方以《Dharmapada》為原名而為人所熟知，較早傳到日本，在奈良朝時代已進行寫經。

■正法眼藏隨聞記（道元）

由日本曹洞宗第二祖孤雲懷奘（一一九八－一二八〇）於師事開祖道元禪師

時，將道元的教示記錄而成。

文體淺顯易懂，以訓誡方式表明道元的批判和感想，敘述僧侶日常應行注意的事項。

經集

收錄在傳襲南方上座部佛教的巴利語經典《小部經典》中，乃將釋迦的說話忠實傳述的原始經典，故備受重視。五章所形成的詩文中多半有押韻，可能係釋迦嫡傳弟子將其言語暗誦，然後再用巴利語寫成。

大寶積經

乃四十九部獨立經文之集大成，係所謂「寶積部」大藏經中之一部分。由唐代菩提流志於七一三年翻譯，共一二〇卷。所謂寶積，意指真理之寶的集積。此經宛若種種教示寶庫的百科辭典。

四十二章經

據傳係於後漢一世紀左右，在洛陽白馬寺裡由迦葉摩騰和竺法蘭所翻譯。自古此經即被視為中國最初的翻譯經典，屬內容較淺易的佛教入門書，廣受讀者愛閱。

■**妙法尼御前返事（日蓮）**

收錄有日蓮宗開祖日蓮（一二二二—一二八二）給信徒妙法尼的信件四編，文中日蓮將重要的教示傳承予彼女。乃弘安四年（一二八一）之作。

■**菜根譚（洪自誠）**

中國明代末期洪自誠（生歿年代不詳）著作，內容以儒教為中心，涵括佛教、道教兩教思想的人生訓示。在當時政情不安的時代，作者捨棄了立身進階之路，在庶民中以充實生活為目標。

■**勅修御傳（法然）**

正式名稱為《勅修圓光大師御傳緣起》，為日本淨土宗開祖法然（一一三三—一二一二）之「行狀繪圖」四十八卷的解說書，據傳乃忍澂（一六四五—一七一一）的作品。

■**尼乾子經**

正式名稱為《尼乾子問無我義經》，雖採經典體裁，唯內容係屬一種論書，咸認是馬鳴菩薩集的著作。此書是作者與另一位大乘佛教徒尼乾子，對於「我」所作的問答。

法華經・普門品

正式名稱為《妙法蓮華經》，漢譯共有六種，現存三種，其中以鳩摩羅什譯（四〇六）的流傳最廣泛。二十八章中，有「普門品」一編，通稱《觀音經》，甚受一般人喜愛，以具有神佛利益之經廣被誦唸。

六方禮經

本經載於大乘佛教《長阿含經》第十一卷，由後漢的安世高（二世紀）所翻譯，指示原始佛教的在家（一般）信眾應守的日常生活指針。所謂六方，即以上下四方呼應親子、師弟、夫婦、主僕、親族、僧俗的關係，並對其一切加以禮拜之意。

一枚起請文（法然）

乃日本淨土宗開班法然的作品，建曆二年（一二一二）正月法然臨終之際，於病榻應徒弟勢觀房源智之請，將其教示的精髓載於一張紙上，即成此文。在僅僅二百數十字的內容裡，記述了往生淨土的救贖。

佛祖統記（志盤）

中國宋代的志盤撰寫，係以中國天台宗的立場所編輯的佛教歷史，共五十四卷。所記歷史起自釋迦的誕生，終至南宋瑞平三年（一二三六）。為佛教史上重要的文獻。

■眾育模象經

傳襲南方上座部巴利語經典中的小部經典第三經，全體共分八十編，因係屬自發性的說法，故又稱《自說經》。《眾育模象經》為其中一編，集錄原始佛教時代釋迦的傳說。

■驢鞍橋（鈴木正三）

江戶時代禪僧鈴木正三（一五七九—一六五五）的信函和言句的集錄，共有三卷，係正三晚年於江戶施行教化之際的言行，而由徒弟惠中所書記者。正三的禪為念佛禪，境地十分獨特。

■釋迦自說經

傳襲南方上座部巴利語經典中《小部經典》的第三經，全部共分八十編，因係屬自發性的說法，故又稱《自說經》。

■佛治身經

中國西晉（二六五—三一六）所翻譯的極短經文，內容旨在說明唯有先治自己才可能治他人。

■大般涅槃經

有數種譯本，通常是採北涼曇無讖所翻譯者，又稱《大涅槃經》，內容敘說佛的本體常住、人人皆有佛性的大乘佛教之佛身論，而且，即使是極惡之人亦有成佛的可能。

■法華經・法師品

「法師品」收錄於《法華經》第十章，說明所有人若要成佛，必須書持、讀誦、供養本經，並為他人說本經。

■增支部經典

傳襲南方上座部巴利語經典的一部，稱為 Anguttara Ni，述說與四諦、八正道等法數有關的教示，為二一九八經之集大成。

■阿難分別經

由中國秦朝的法堅所翻譯的短小經典，內容描寫釋迦對徒弟阿難預言，謂佛滅後，佛教將衰微，恪守戒律的僧侶亦將減少。

■大方便佛・報恩經

又稱《報恩經》或《佛報恩經》，後漢時被翻譯，但譯者不詳。其內容係對釋迦拋棄父母出家，乃一位忘恩之徒的質疑，從而對佛教裡的恩有所闡釋。

■雜阿含經

大乘佛教所傳下的經典之一部，相當於傳襲南方上座部經典的《相應部經典》，共收錄比較短小的經文一三六二篇。

■十牛圖（廓庵）

中國南宋的禪僧廓庵（約十二世紀的人）認為，將禪的悟境以文字作繁瑣的說明，不易為一般人所理解，故以十幅牛的圖繪加以表現。每幅皆附有標題，按修行的深淺階段依序配列。

■往生禮讚（善導）

中國淨土宗開祖善導（六一三—六八一）表示淨土往生之實踐行，一日分為日沒、初夜、中夜、後夜、晨朝、日中等六時，在各時配合詩文加以誦唱、禮拜。

■和語燈錄（法然）

日本淨土宗開祖法然（一一三三—一二一二）的語錄彙編，書分五卷，其圓寂後約五十年，有徒弟們提出異說，故由門弟了慧道光（一二〇三－一二九〇）以揭示念佛行者應有的態度，再行加以集錄。

■遺教經

正式名稱為《佛垂般涅槃略說遺教經》，由中國後秦的鳩摩什翻譯。係屬短小的經，內容陳述世間之無常及佛的教示之常住，然釋迦又諭示徒弟，俟其入滅切勿悲傷，應努力及早獲得開悟。

■普勸坐禪儀（道元）

日本曹洞宗開祖道元（一二〇〇－一二五三）的著作，他於自宋返國後才著手撰述。內容主要是說明坐禪的真髓，乃勸人坐禪的信念之書，此外，尚強調坐禪不是手段，而是目的。

■御一代記聞書（蓮如）

淨土真宗中興之祖蓮如（一四一五－一四九九）闡明念佛信仰之真髓的書，共分二卷。書中對自己作了徹底的批判，故獲得甚高評價。

■律大品

傳襲南方上座部巴利語經典之一部，規定有關戒律的內容，共分十編。釋迦滅後，歷經百年至二百年，分為多數部派，唯本品乃記述僧團應遵守的約束事項。

■**神秀禪師語錄（神秀）**

中國唐代禪僧神秀（六〇五?—七〇六）於宮廷內的佛教道場說教，深得王朝信任。本法流稱為北宗禪，和慧能系統的南宗禪相抗衡。

■**緇門寶藏集（文守・大惠）**

敘說日本臨濟宗禪僧一絲文守參禪的真髓，共分三卷。正保三年（一六四六）文守圓寂後，由其門人校訂出版。

■**無門關（景岑）**

由中國宋朝禪僧無門慧開（一一八三—?）在溫州龍翔寺向徒弟們述說的四十八公案彙集而成，很早期便傳抵日本作為禪的課本，亦有英譯本。

■**中阿含經**

大乘佛教經典之一部，相當於傳襲南方上座部巴利語經典的《中部經典》。係中等長度的經，其收錄有二二二篇。

■**開目鈔（日蓮）**

日蓮宗開祖日蓮（一二二二—一二八二）放逐到佐渡時的著作，與《立正安國論》、《觀心本尊抄》、《選時抄》、《報恩抄》並立，被尊為五大部經典。

■本生經

承襲南方上座部巴利語經典之一部，由二十二編五四七個寓言所形成。乃佛開悟之前的前生故事之集大成，又稱東方的伊索寓言。

■山家學生式（最澄）

日本天台宗開祖最澄（七六七—八二二）的著作，其寫作緣起是盼望能被制定為天台宗接受養成的僧侶之制度法典。最澄以重視人才之養成而知名，他屢向日本皇室申請設立大乘戒壇，以培養人才。

■末燈抄（親鸞）

日本淨土真宗開祖親鸞（一一七三—一二六三）之法語和消息的集錄，由二十二篇所形成。

所謂消息，即書信文體，為法然、親鸞、日蓮、一遍等鎌倉時代的祖師，所喜愛採用的佈教新法。

■阿彌陀經

原典乃北印度阿彌陀佛的信仰鼎盛時所編成，於四〇二年左右由鳩摩羅什翻譯。內容描述優美的阿彌陀佛的極樂情景，以淨土三部經之一，在中國與日本的阿彌陀佛信仰上，扮演極重要的角色。

■相應部經典

承襲南方上座部巴利語經典之一部，乃二八七五個短經之集大成。依內容將佛教教示分為五篇。相當於大乘佛教經典中的《雜阿含經典》。

■假名法語（至道無難）

日本禪僧至道無難（一六〇三—一六七六）之著作，以假名書寫，將禪的教義推廣於一般庶民。係詩歌和書法皆卓爾不凡的法語集。

■大智度論

乃印度佛教學者龍樹所著《摩訶般若波羅蜜經》的註釋，原本已不存在。由鳩摩羅什翻譯，共一百卷。引用經典甚多，為理解大乘佛教不可或缺的書籍。

■修證義

本書是日本曹洞宗開祖道元所作《正法眼藏》的摘要書，明治二十四年以降正式被採用，在曹洞宗的法事時被誦唸。對禪的真髓有簡易的說明。

■賤民經

傳承南方上座部巴利語經典之一部《小部經典》中的《經集》裡所刊載的一篇，屬短經文。

■禪門寶訓集（淨善）

由中國宋代的淨善（十二世紀之人）所彙編，他深受禪宗道義衰退，故收集先德之言行錄重行編輯。在日本被當作指針，甚受重視。

■最蓮坊往返事（日蓮）

日蓮宗開祖日蓮（一二二二—一二八二）寫給門徒最蓮坊日淨之信函，其係京都人，為天台宗的僧侶，後受日蓮的教化。

■因果經

正式名稱為《過去現在因果經》，係中國劉宋朝代的求那跋陀羅所譯。以釋迦的自傳形態，說明他起初師事普光如來修行，之後才得以成佛，並依其因緣得以開悟。為漢譯文學上最優秀的佛傳。

■瞋之銘（白隱）

白隱被譽為日本臨濟宗中興之祖，江戶時代在諸國遊歷，備受農民景仰，終生在鄉間的寒寺生活。著有語錄一〇三卷，此為其中之一。白隱於明治五年（一七六八）在靜岡縣原町的松蔭寺圓寂。

■不動智（澤庵）

正式名稱為《不動智神妙錄》，乃為以禪的立場為日本幕府的劍道指南番柳生但馬守宗矩，說明劍士應有的心態。此後，本書即在喜愛武藝者之間廣為流佈。澤庵（一五七三—一六四五）為東京品川東海寺的開山祖師。

■菩薩願行文

據說乃日本大正時代的禪僧、神戶祥福住持間宮英宗師的作品，在臨濟宗常被採用。

■中部經典

傳襲南方上座部巴利語經典之一部，乃由中篇的經一五二篇加以集大成。

■發願文（最澄）

日本天台宗開祖最澄（七六七—八二二）在十九歲時，為了建設比叡山所寫就，乃僅僅六百字之文章。最澄於其中對自己作痛烈地批判。

■諫曉八幡抄（日蓮）

日蓮宗開祖日蓮（一二二二—一二八二）五十九歲時（入滅的兩年前）在身延所寫成，於其中他痛責日本的謗法之罪，並發誓解除眾生之苦。

■歎異抄（親鸞）

鑑於有人對淨土真宗開祖親鸞（一一七三—一二六二）的教示提出異議，其徒弟唯圓乃為強調師父的教示而編成此書。於其中述說他力本願的真意，批判當時的宗教界。

■一夜賢者經

傳襲南方上座部巴利語經典之一部《中部經典》「分別品」中之一經。

■中峰廣錄（中峰明本）

乃中國禪僧，以高峰原妙禪師之徒弟而活躍的中峰明本禪師之言行錄，係在元統二年（一三三四）加以集大成的書。

■長壽秘訣（夢窗疎石）

日本臨濟宗僧人夢窗疎石的作品。他於十四世紀的戰亂時代在各地開寺，後來常住京都當天龍寺的開山祖師。其《夢中問答集》一書膾炙人口。

■**臨濟錄（臨濟）**

係將中國唐代臨濟義玄（?—八六七）的法語加以集錄而成，由徒弟慧然編輯，為臨濟宗裡極受重視之語錄。

■**摩訶止觀（天台智顗）**

中國天台宗開祖智顗（五三八—五九七）在五九四年撰述，由其徒弟灌頂編輯，共二十卷。係對一切物事作正確判斷和適切處置的指南書，故頗受重視。

■**淨土宗略抄（法然）**

日本淨土宗開祖法然（一一三三—一二一二）為源賴朝的正室政子，所敘說的淨土宗真髓。內容標明佛道分為聖道與淨土兩門，並闡明其特色，力勸政子致力於淨土門的專修念佛。

■**達摩禪師論**

最近才問世的中國敦煌出土之書，為研究禪之開祖達摩大師思想之重要文獻。

■**秘藏寶鑰（空海）**

日本真言宗開祖空海（七七四—八三五）在天長七年（八三〇）所著。據淳和天皇勅命，代表真言宗述說其真髓。乃《十住心論》的摘要版。

■無性攝論

別名《攝大乘論釋》，印度的無性著作，中國唐代的玄奘翻譯。乃研究人間深層心理的重要文獻。

■大莊嚴經論

印度學僧馬鳴著，於中國後秦時由鳩摩羅什翻譯，共十五卷。係介紹釋迦本生及在世。迄撰者時代的種種話語，可供求道者之參考。

■梵網經

傳襲南方上座部佛教巴利語經典之一部，收錄於《長部經典》中。相當於大乘佛教之《長阿含經典》。旨在說明欲將一切見解加以掌握，需如漁夫之撒網捕魚一般。

■六祖壇經（慧能）

中國禪第六祖慧能（六三八—七一八）勸世人，心應如明鏡般沈靜，則不刻意馳求，亦能獲得佛的智慧，使事事物物的真實映現出來。以上即本經的要旨。

大展好書　好書大展
品嘗好書　冠群可期

大展好書 好書大展
品嘗好書 冠群可期